LES CLÉS DE VOTRE NATURE PROFONDE

TYPES, STRATÉGIES, AUTORITÉS ET PROFILS EN HUMAN DESIGN

SANDRINE CALMEL

© 2025 SANDRINE CALMEL

www.sandrinecalmel.fr

Edité par Calmel Holistic Development | Sandrine Calmel

171 rue Newcastle 54 000 Nancy.

info@sandrinecalmel.fr

Édition : BoD · Books on Demand, 31 avenue Saint-Rémy, 57600 Forbach,

bod@bod.fr

Impression : Libri Plureos GmbH, Friedensallee 273, 22763 Hamburg (Allemagne)

ISBN : 978-2-3225-5272-6

Dépôt Légal : MARS 2025

Tous droits de reproduction et de traduction réservés pour tous pays

---

DU MÊME AUTEUR

- Voyage rebelle à la découverte de soi - Editions Maïa
- Voyage au coeur de la conscience - Editions Maïa
- Les clés de votre nature profonde (HD Tome 1) - Auto édition
- Les centres de conscience et d'énergie (HD Tome 2) - Explorer les 9 centres pour aligner votre être intérieur - Auto édition
- La bible des 64 portes Human Design & Gene Keys démystifiés (HD tome 3) - Auto édition
- Vibrations quantiques (HD Tome 4) - Elever votre fréquence avec l'Human Design - Auto édition

La plus grande révolution intérieure commence le jour où l'on cesse de chercher à devenir quelqu'un d'autre et que l'on choisit enfin d'être pleinement soi.

Sandrine Calmel

SANDRINE CALMEL

EXPERTE EN HUMAN DESIGN & GENE KEYS

FONDATRICE DES REBELLES SACRÉ(E)S®

Sandrine Calmel est une exploratrice de l'âme humaine, une guide lumineuse dans l'univers du Human Design et des Gene Keys. Auteure et formatrice accomplie, elle consacre son œuvre à décrypter les mystères de ces sciences anciennes, offrant à chacun la possibilité de se reconnecter à sa véritable essence.

À travers ses écrits et ses enseignements, Sandrine tisse un pont entre la sagesse intemporelle et les défis contemporains, révélant les trésors cachés en chaque être.

Générateur Manifesteur avec une Autorité Sacrale, Sandrine incarne un dynamisme créatif rare, capable de matérialiser ses visions avec intensité et clarté. Sa connexion intime avec son autorité intérieure lui permet d'agir depuis un espace d'alignement profond, guidant ceux qui croisent sa route vers des choix authentiques et porteurs de sens.

En tant que profil 6/3, Sandrine se distingue par une soif d'apprentissage incessante et une capacité innée à transformer les expériences en sagesses. Ce chemin de l'expérimentateur, parfois semé d'embûches, fait d'elle une mentore ancrée, pragmatique et visionnaire. Chaque défi devient pour elle une opportunité d'évolution, une nouvelle marche vers la maîtrise et la transmission.

L'empreinte énergétique de Sandrine s'exprime à travers dix canaux puissants, témoins de la richesse de son design :

L'Éveil (10/20) : Une présence magnétique qui invite à vivre l'instant avec plénitude.

Parfaite Conduite (10/57) : Une intuition tranchante, toujours en quête d'authenticité.

Exploration (10/34) : Une énergie pionnière, toujours prête à expérimenter et innover.

Rythmes (5/15) : Un profond respect des cycles naturels et de l'harmonie du vivant.

Initiation (51/25) : Un courage intrépide pour ouvrir des portes vers l'inconnu et l'amour inconditionnel.

Charisme (20/34) : Une capacité à inspirer et catalyser l'action par sa seule présence.

Idée de Génie (20/57) : Une fusion rare entre l'intuition et l'action instantanée.

Pouvoir (34/57) : Une force intérieure propulsant ses idées vers la manifestation concrète.

Prodigue (33/13) : Une capacité unique à raconter, à transmettre et à porter la mémoire collective.

Longueur d'Onde (48/16) : Une sagesse profonde alliée à une expression claire et inspirée.

Sandrine incarne la rencontre du spirituel et du tangible. Son rôle dépasse celui de guide : elle est une alchimiste de la conscience, transformant l'ombre en lumière et les doutes en révélations. Sa mission est d'accompagner chacun dans l'exploration de ses propres richesses intérieures, en révélant la puissance et la beauté insoupçonnées qui sommeillent dans les profondeurs de l'être.

Fondatrice des Rebelles Sacré(e)s®, Sandrine invite à un voyage où vulnérabilité et puissance se rencontrent. Elle marche aux côtés de ceux et celles qui osent embrasser leur singularité et rêvent de transformer leur existence en une œuvre alignée et lumineuse. À travers ses formations, ses livres et ses accompagnements, elle est une présence bienveillante, un phare dans la nuit intérieure, rappelant à chacun que la clé du changement réside en soi.

AVANT PROPOS

Chère lectrice, cher lecteur,

L'écriture de ce livre est née d'une quête personnelle profonde : celle de comprendre qui nous sommes réellement, au-delà des masques et des conditionnements. Mon cheminement à travers le Human Design et les Gene Keys a été une révélation, une lumière jetée sur des parts de moi-même que je n'avais jamais osé explorer. Ce livre est le fruit de cette exploration, une invitation à plonger dans la connaissance de soi avec curiosité et bienveillance.

Au fil des années, j'ai accompagné des centaines de personnes dans la découverte de leur design unique. J'ai vu des vies transformées par la simple prise de conscience de leur stratégie ou de leur autorité intérieure. Ce qui m'a frappée, c'est que le Human Design n'est pas seulement un outil de compréhension : c'est un chemin vers l'acceptation radicale de soi.

Avec "**Les clés de votre nature profonde**", j'ai voulu offrir plus qu'un guide technique. J'ai souhaité transmettre une approche pratique mais aussi profondément spirituelle du Human Design, en proposant des clés concrètes pour se libérer des conditionnements et avancer avec authenticité. Ce livre est un compagnon de route, une main tendue vers celles et ceux qui cherchent à vivre pleinement leur design, avec fluidité et alignement.

Je vous souhaite une lecture inspirante et transformatrice.
Avec toute ma bienveillance,
Sandrine

INTRODUCTION
LES FONDATIONS DU HUMAN DESIGN

Au cœur de l'existence humaine se trouve une question essentielle : "**Qui suis-je vraiment ?**" Le Human Design[1] propose une réponse révolutionnaire à cette quête d'identité en révélant notre structure énergétique unique et en offrant une carte précise pour naviguer dans la vie avec authenticité et puissance. Plus qu'un simple outil d'introspection, le Human Design est une invitation à vivre pleinement son essence, libéré des conditionnements accumulés au fil des années.

Découvrir son design consiste à prendre conscience de ses potentiels innés, de ses centres définis et ouverts, de ses forces et vulnérabilités. C'est un premier pas fascinant mais souvent déroutant, car il met en lumière des aspects de soi parfois refoulés ou incompris. Vivre son design, en revanche, est une démarche plus profonde et exigeante : il s'agit d'incarner consciemment cette vérité intérieure, en alignant chaque décision et interaction avec sa nature authentique.

Pourquoi se déconditionner ?

Le conditionnement est l'empreinte des influences extérieures — familiales, sociétales, culturelles — qui façonnent notre comportement et nous éloignent de notre véritable essence. Tant que nous restons sous l'emprise de ces programmations, nous expérimentons frustration, amertume, colère ou déception, selon notre type énergétique. Le processus de déconditionnement, qui s'étend sur un cycle de sept ans, est une voie de libération progressive. Il permet de dissoudre les mécanismes de défense et les peurs liés aux centres ouverts, rétablissant ainsi l'accès à la sagesse potentielle qu'ils renferment.

Se déconditionner, c'est réapprendre à faire confiance à son autorité intérieure plutôt qu'au mental conditionné. C'est choisir d'agir en accord avec sa stratégie,

---

[1] NB. Dans ce livre, les termes "Human Design" et "Design Humain" sont utilisés de manière interchangeable. Le terme "Design Humain" est la traduction directe de "Human Design", le système de connaissance conçu par Ra Uru Hu. Bien que la terminologie française soit souvent privilégiée par ceux formés directement dans la tradition de Ra Uru Hu en France (dont je fais partie), "Human Design" reste le terme le plus répandu et reconnu internationalement. Cette dualité reflète la nature universelle du système qui transcende les barrières linguistiques, touchant ainsi un public plus large et diversifié.

pour retrouver la fluidité et l'alignement dans ses décisions. Le chemin du déconditionnement est un retour vers soi, vers l'authenticité et la paix intérieure.

Comment utiliser ce livre pour évoluer consciemment

Ce livre est conçu comme un compagnon de voyage. Chaque chapitre approfondit les fondations du Human Design, tout en offrant des clés pratiques et des pistes pour l'intégration consciente de votre design. Vous y trouverez :

- Des explications claires des concepts essentiels — types, stratégies, autorités, profils.
- Des exercices d'introspection et des pratiques concrètes pour expérimenter et incarner votre design au quotidien.
- Des études de cas pour illustrer comment ces principes se manifestent dans la vie réelle.

Plutôt que d'essayer de tout comprendre d'un coup, laissez-vous guider progressivement. Choisissez d'explorer d'abord les aspects qui résonnent le plus avec vous. Prenez le temps de contempler chaque concept, de l'appliquer dans votre quotidien et d'observer les résultats.

Ce livre n'a pas pour but de vous enfermer dans des définitions figées mais de vous offrir un espace d'exploration pour que vous puissiez vous réapproprier votre pouvoir personnel.

Bienvenue dans l'aventure du Human Design. Que ces pages vous inspirent à honorer votre nature profonde et à manifester pleinement votre potentiel unique.

POUR RAPPEL
QU'EST-CE QUE LE HUMAN DESIGN ?

Le Human Design est un système holistique qui combine l'astrologie, le Yi King, la Kabbale, les chakras et la génétique moderne pour révéler notre empreinte énergétique unique. Fondé par Ra Uru Hu, il nous offre une carte précise de notre être, appelée Bodygraph, qui met en lumière nos forces, nos défis et notre manière singulière d'interagir avec le monde.

Contrairement aux systèmes qui cherchent à nous changer, le Human Design nous invite à nous déconditionner et à accepter pleinement qui nous sommes. Il s'agit d'un processus d'alignement profond avec notre nature authentique, en suivant notre stratégie et notre autorité intérieure.

Ce système repose sur trois principes fondamentaux :
- Le **type** : qui définit notre aura et notre manière d'interagir avec les autres.
- La **stratégie** : la façon dont nous sommes faits pour prendre des décisions sans résistance.
- L'**autorité intérieure** : notre boussole personnelle pour discerner le bon chemin.

Au fil de ce livre, vous découvrirez comment ces aspects interagissent pour vous guider vers une vie plus alignée et fluide.

GLOSSAIRE
TERMES ESSENTIELS DU HUMAN DESIGN

ASTROLOGIE : L'astrologie utilise le calendrier zodiacal et les trajectoires planétaires pour déduire notre schéma corporel à partir de nos coordonnées de naissance. Le Human Design intègre deux moments clés de notre développement dans ses calculs : notre jour de naissance (personnalité consciente) et 88 jours avant (design inconscient), révélant ainsi nos potentiels conscients et inconscients.

YI KING : Le Yi King est un texte de sagesse ancienne chinois interprétant 64 hexagrammes, chacun représentant une potentialité spécifique de l'expérience humaine, toujours en évolution et en transformation. Ces hexagrammes sont directement intégrés dans le Bodygraph sous la forme des 64 portes.

KABBALE : La Kabbale explore en profondeur les émotions humaines et les principes spirituels, les envisageant comme une formule mathématique qui oriente notre développement personnel. Elle est représentée par l'Arbre de Vie, dont les chemins symbolisent des étapes vers la connaissance de soi et l'alignement spirituel.

SYSTÈME DES CHAKRAS : Traditionnellement composé de sept centres, le Human Design l'étend à neuf centres énergétiques, offrant ainsi une compréhension plus nuancée et spécifique des interactions énergétiques et des fonctions corporelles.

BODYGRAPH (Schéma corporel) : La carte énergétique unique qui représente votre design, composée de centres, canaux et portes. Elle met en lumière votre fonctionnement naturel, vos forces et vos défis.

TYPE : Il détermine la nature de notre aura et notre manière d'interagir avec le monde. Il existe quatre types principaux : Manifesteur, Générateur, Projecteur et Réflecteur (avec les Manifesting Generators (MG) comme sous-type des Générateurs).

SIGNATURE : La sensation positive qui nous indique que nous naviguons en alignement avec notre type, stratégie et autorité. Elle est unique à chaque type : satisfaction pour les Générateurs, succès pour les Projecteurs, paix pour les Manifesteurs et surprise pour les Réflecteurs.

STRATÉGIE : La manière d'agir en accord avec notre type pour éviter la résistance et naviguer dans la vie avec fluidité.

AUTORITÉ INTÉRIEURE : Le guide personnel pour prendre des décisions alignées, basé sur les centres définis et spécifiques à chaque type. C'est notre boussole intérieure.

LIGNES : Les six sous-divisions de chaque hexagramme du Yi King dans le Bodygraph, révélant des nuances spécifiques du potentiel des portes.

PROFIL : C'est notre costume dans le théâtre de la vie. Il indique notre comportement, notre rôle et la manière dont nous expérimentons la vie. Composé de deux lignes (ex. : 1/3, 6/2), il révèle notre approche consciente et inconsciente des expériences.

CROIX D'INCARNATION : La combinaison des positions du Soleil et de la Terre consciente et inconsciente, révélant notre thème de vie principal.

CENTRES : Les neuf centres du Bodygraph représentent des fonctions énergétiques spécifiques (mental, émotions, identité, instinct, etc.). Ils peuvent être définis (colorés) — représentant des énergies constantes et fiables — ou ouverts(blancs) — représentant des espaces d'apprentissage et de potentiel conditionnement.

DÉFINITION : Le ou les centres reliés par des canaux dans le Bodygraph, déterminant notre manière naturelle et constante de traiter l'énergie et d'interagir avec le monde.

PORTES : Les 64 points spécifiques du Bodygraph associés aux hexagrammes du Yi King, représentant des aspects uniques de notre expression et de notre potentiel énergétique.

CANAUX : Les lignes qui relient deux centres et représentent des talents naturels, des forces vitales constantes et des moyens spécifiques d'exprimer nos énergies.

CIRCUITS : Ce sont des routes énergétiques qui connectent les centres entre eux, formant des groupes(individuel, tribal et collectif) qui décrivent comment nos énergies circulent et se manifestent.

CONDITIONNEMENT : Les influences extérieures (familiales, sociétales, culturelles) qui déforment notre manière naturelle d'agir et nous éloignent de notre essence authentique. Il se manifeste particulièrement dans les centres ouverts.

NON-SOI : L'état d'être dans lequel nous agissons sous l'influence du conditionnement et non de notre autorité intérieure. Il se manifeste par des émotions spécifiques selon notre type (frustration, amertume, colère ou déception).

PLANÈTES : Elles agissent comme des activateurs énergétiques dans le Bodygraph, mettant en lumière nos potentiels et colorant notre expérience. Chaque planète représente un domaine spécifique d'influence (communication, expansion, transformation, etc.).

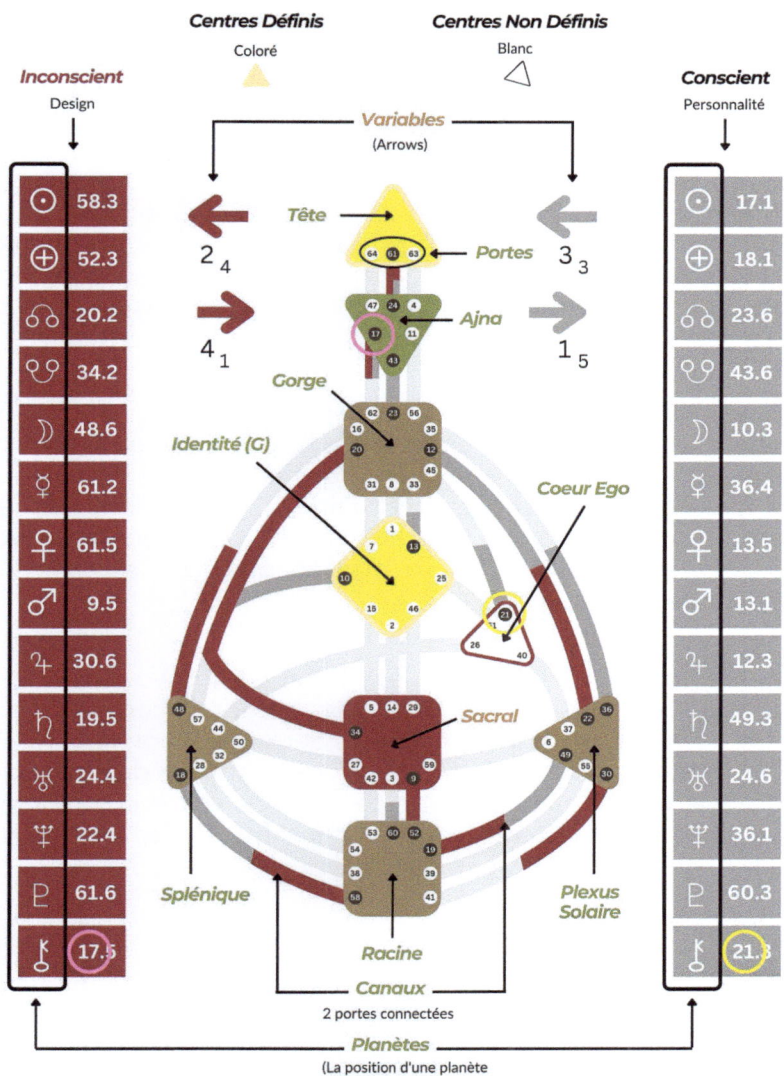

LE BUT DE L'EXPÉRIENCE
NAVIGUER AVEC CONSCIENCE ET LIBÉRER L'EXPRESSION DE NOTRE UNICITÉ

Le soulagement de comprendre son Design

Comprendre sa propre charte peut souvent être une révélation profonde, un miroir qui renvoie une image enfin reconnaissable de soi-même. Le Human Design a cette capacité unique de mettre des mots précis sur des sensations intérieures, longtemps inexprimées. Chaque terme employé vibre et résonne spécifiquement avec notre structure énergétique interne. C'est un processus d'observation, d'écoute, de reconnaissance et d'acceptation de toutes nos facettes pour les unifier et atteindre une plénitude, incarnant ainsi nos potentiels conscients et inconscients.

La peur du jugement moral est souvent un obstacle majeur que notre esprit crée pour nous empêcher d'exploiter pleinement nos énergies. Nous entravons notre propre vitalité avec une critique interne rigoureuse et oppressante. Parfois, sans même en être conscients, nous cherchons à "corriger" ce que nous percevons comme des imperfections, sans réaliser que ces aspects sont précisément ce qui nous rend uniques.

En tant que coach, plonger dans le Human Design vous confère la responsabilité d'aider à reconnaître et accepter ces traits sans jugement, pour libérer l'énergie et permettre son expression naturelle. Rien de ce qui est défini dans une charte ne disparaît, mais nous avons le choix d'expérimenter ces aspects soit avec résistance, soit avec fluidité. Le Human Design nous fournit les clés pour y parvenir.

Le Non-Soi et la résistance à la vie en soi

Le concept du non-soi est central dans le Human Design. Nous avons tous une base d'énergie propre sur laquelle jouer notre propre note, mais aussi des aspects de notre être ouverts à l'expérience, au développement et à la croissance. Rien n'est immuable. Le Human Design n'est pas là pour nous enfermer dans des catégories mais pour introduire de la nuance et de l'expérience vécue, afin de nous libérer des conditionnements et des étiquettes.

Chaque fois que nous hésitons à jouer notre rôle et suivre notre script, nous obstruons la vie et son progrès. Nos alertes internes, que l'on pourrait appeler des "notifications émotionnelles", signalent quand et où nous avons manqué de respect envers notre véhicule. L'objectif n'est pas de se juger. Résister à la vie et expérimenter le non-soi est une expérience en soi, ni bonne ni mauvaise. C'est un passage nécessaire vers l'acceptation.

Suivre son Type, sa Stratégie et son Autorité pour incarner son plein potentiel

S'engager dans le Human Design et commencer à expérimenter ce qu'il propose nous conduit souvent sur des chemins inattendus. Vivre en alignement signifie être au bon endroit au bon moment, pour faire l'expérience d'être soi sous toutes ses formes. Ce n'est pas une garantie de succès ou de sécurité, mais plutôt une invitation à vivre exactement ce dont nous avions besoin pour évoluer.

Le Human Design nous soutient dans cette démarche en offrant une lecture logique et cohérente de notre charte, permettant à notre mental de trouver des réponses et de réduire la résistance interne. Lorsque notre mental dispose d'un plan et que notre ego a des valeurs justes à défendre, alors ils servent la vie en nous.

C'est la proposition du Human Design : incarner son type, suivre sa stratégie et prendre des décisions en accord avec son autorité intérieure. Sur le papier, cela semble simple. En pratique, c'est un véritable défi qui nous pousse à briser des schémas limitants et conditionnants.

Le Human Design n'est pas un système de croyances, mais un outil d'expérimentation. Il ne vous dit pas qui vous devriez être, mais vous invite à découvrir qui vous êtes vraiment. Chaque pas fait avec conscience est une victoire contre le conditionnement. Ce voyage est une opportunité d'accélérer notre évolution, de vivre notre mission d'incarnation avec fluidité et d'offrir au monde le cadeau de notre unicité pleinement assumée.

Prêt(e) à explorer votre design ?

CHAPITRE 1
LES TYPES
ARCHITECTURE ÉNERGÉTIQUE

Tout comme chaque note a sa propre fréquence dans une symphonie, chaque être humain possède une signature énergétique unique qui influence sa manière d'interagir avec le monde. Dans le Human Design, cette signature est déterminée par le type, qui définit non seulement la nature de notre aura mais aussi la manière dont nous sommes conçus pour naviguer dans la vie sans résistance.

Le type est le fondement de tout le système du Human Design. C'est la première clé à comprendre et à expérimenter pour commencer à vivre en alignement avec son design. Il révèle notre façon naturelle de fonctionner, les pièges dans lesquels nous tombons lorsque nous agissons contre notre nature et les stratégies qui nous permettent d'avancer avec fluidité.

Pourquoi les types sont-ils essentiels ?

1. L'aura et son impact :

Chaque type possède une aura distincte qui agit comme un champ magnétique, influençant et étant influencé par les personnes et les environnements autour de nous. Comprendre son type, c'est aussi comprendre l'impact que l'on a naturellement sur les autres et comment se prémunir des conditionnements extérieurs.

2. La stratégie : éviter la résistance et la frustration

Le type détermine notre stratégie : une manière spécifique d'agir et de prendre des décisions pour éviter la résistance et les émotions négatives associées au non-soi. Lorsque nous ignorons cette stratégie, nous rencontrons frustration, colère, amertume ou déception selon notre type.

À l'inverse, suivre sa stratégie permet de naviguer avec fluidité et confiance.

3. L'importance du non-soi :

Le type révèle également les pièges du non-soi — ces moments où nous agissons sous l'influence du conditionnement et ressentons des émotions de résistance. Identifier ces pièges permet de reconnaître plus facilement quand nous nous écartons de notre voie naturelle.

4. Une boussole pour l'action :

Le type sert de boussole énergétique pour orienter nos actions et nos décisions, que ce soit dans les relations, le travail ou les choix de vie. C'est le point de départ pour expérimenter la stratégie et l'autorité intérieure, les deux piliers fondamentaux du Human Design.

Les quatre types principaux : une vue d'ensemble

Le Human Design distingue quatre types principaux, chacun ayant un rôle spécifique dans l'architecture énergétique globale :

Le Manifesteur : L'initiateur

Env. **9%** de la population
Aura : Fermée et dense.
Stratégie : Informer avant d'agir pour éviter la résistance.
Signature : La paix.
Non-soi : La colère.
Rôle : Initier et déclencher des actions.

Le Générateur : Le bâtisseur

Env. **35%** de la population
Aura : Ouverte et enveloppante.
Stratégie : Répondre aux sollicitations plutôt que d'initier.

Signature : La satisfaction.
Non-soi : La frustration.
Rôle : Mettre en œuvre et bâtir de manière soutenue.

Le Manifesting Generator[2] : L'hybride polyvalent (sous type)

Env. **30%** de la population
Aura : Ouverte et enveloppante.
Stratégie : Répondre puis informer avant d'agir.
Signature : La satisfaction combinée à la paix.
Non-soi : La frustration et la colère.
Rôle : Bâtir rapidement et efficacement avec une énergie hybride.

Le Projecteur : Le guide

Env. **20%** de la population
Aura : Focalisée et absorbante.
Stratégie : Attendre l'invitation pour être reconnu et éviter l'amertume.
Signature : Le succès.
Non-soi : L'amertume.
Rôle : Guider et diriger l'énergie des autres.

---

[2] Bien qu'il soit souvent mentionné comme un type à part, **le Manifesting Generator n'est pas un type en soi** selon les enseignements originaux de Ra Uru Hu. Le Human Design reconnaît officiellement **quatre types et quatre auras distinctes** : le Manifesteur, le Générateur, le Projecteur et le Réflecteur. Le Manifesting Generator appartient à la famille des **Générateurs** et partage la même aura ouverte et enveloppante.
Ra Uru Hu précisait que le Manifesting Generator est une **variation hybride du Générateur**, dotée de capacités d'initiation rapides similaires à celles du Manifesteur, mais devant néanmoins suivre la stratégie fondamentale du Générateur : **répondre aux sollicitations plutôt que d'initier**. Ainsi, les Manifesting Generators doivent avant tout honorer leur nature de Générateur et répondre avant d'agir, tout en informant comme le ferait un Manifesteur pour éviter la résistance.

Le Réflecteur : Le miroir

Env. **1%** de la population
Aura : Résistante et échantillonneuse.
Stratégie : Attendre un cycle lunaire complet avant de prendre des décisions importantes.
Signature : La surprise.
Non-soi : La déception.
Rôle : Révéler l'état du collectif et des environnements.

Vivre son type : une clé vers l'alignement

Vivre son type, c'est accepter la manière unique dont notre énergie interagit avec le monde et arrêter d'essayer de devenir quelqu'un d'autre. C'est aussi embrasser sa stratégie comme une boussole intérieure et naviguer en se basant sur les signaux de son autorité. Ce processus d'alignement, bien qu'exigeant, est profondément libérateur.

Au fil de ce chapitre, nous explorerons chaque type en profondeur, en dévoilant :
- Le fonctionnement naturel et les pièges du non-soi.
- Les stratégies pratiques pour vivre en accord avec son type.
- Des exemples concrets et des études de cas.

Prêt(e) à découvrir votre type et à explorer son plein potentiel ?

Le Manifesteur — L'initiateur visionnaire

Être un Manifesteur, c'est incarner une puissance intrinsèque capable d'impulser le changement et d'initier de nouveaux cycles. Contrairement aux autres types qui doivent attendre une invitation ou une réponse, le Manifesteur possède l'aura et l'énergie nécessaires pour agir librement et indépendamment. Son rôle naturel est d'ouvrir la voie et de lancer des mouvements qui influenceront le collectif.

La force du Manifesteur réside dans sa capacité à initier sans nécessiter l'approbation des autres. Toutefois, cette indépendance peut parfois susciter incompréhension et résistance, d'où l'importance cruciale d'informer avant d'agir. Cette stratégie permet d'apaiser les tensions et de minimiser les obstacles dans ses relations.

L'essence du rôle du Manifesteur

Le Manifesteur est le catalyseur du Human Design. Sa puissance réside dans son aptitude à passer à l'action spontanément et de manière décisive. Avec une aura fermée et dense, il crée un impact direct sur son environnement, initiant des projets et des idées sans se soucier des réactions immédiates.

Cependant, le Manifesteur ne dispose pas d'une énergie sacrale constante comme le Générateur. Son énergie fonctionne par impulsions — des pics d'inspiration intense suivis de phases de repos nécessaires pour éviter l'épuisement. Informer de ses actions avant de les entreprendre permet de réduire la résistance naturelle que son aura peut susciter chez les autres.

L'aura et l'impulsion d'initier

L'aura du Manifesteur est conçue pour impacter et repousser. Elle est orientée vers l'action et l'initiation, créant souvent un sentiment d'imprévisibilité chez les autres. Contrairement aux Générateurs qui attendent une réponse, le Manifesteur agit selon son impulsion interne et sa guidance intérieure.

Cette impulsion d'initier agit comme un système de navigation interne, permettant au Manifesteur de manifester sa vision rapidement et efficacement. L'absence de réponse sacrale signifie que le Manifesteur doit se fier entièrement à son autorité intérieure pour discerner quand et comment agir.

La stratégie du Manifesteur : Informer avant d'agir

Informer n'est pas naturel pour le Manifesteur, mais c'est indispensable. Cette stratégie vise à :
- Apaiser les résistances et éviter les confrontations inutiles.
- Éclaircir ses intentions pour réduire l'incompréhension et les blocages.
- Faciliter la collaboration sans compromettre son autonomie.

En informant son entourage de ses intentions, le Manifesteur transforme des potentiels conflits en alliances stratégiques et fluidifie le passage de ses idées à l'action.

Signature et Non-Soi : Paix vs Colère

Le but ultime d'un Manifesteur est de vivre dans un état de paix — un sentiment d'accomplissement serein qui survient lorsque ses actions sont alignées et acceptées sans résistance. En revanche, le thème du non-soi est la colère — un indicateur puissant qu'il agit à contre-courant de son design ou que son autonomie est entravée.

La colère chez le Manifesteur n'est pas un défaut mais une notification émotionnelle indiquant qu'il doit rétablir son autonomie ou clarifier ses intentions. Apprendre à reconnaître et à travailler avec cette colère est essentiel pour évoluer vers un état de paix.

Les défis du Manifesteur : Gérer la résistance et l'indépendance

1. Informer sans se justifier :
Le Manifesteur doit apprendre à informer par clarté et non par besoin d'approbation. Informer n'est pas se justifier, c'est aligner son action avec

ses intentions.

2. Gérer les phases d'impulsion et de repos :
Sans énergie sacrale constante, le Manifesteur doit honorer ses cycles d'action et de récupération pour éviter l'épuisement et la frustration.

3. Assumer son indépendance sans arrogance :
L'aura pénétrante du Manifesteur peut être perçue comme imposante ou égoïste. Assumer son indépendance tout en restant ouvert au dialogue permet d'équilibrer puissance et relationnel.

Expression optimale vs expression déséquilibrée

Expression optimale :
- Informer avec clarté et initier avec confiance.
- Accepter sa puissance et son rôle d'initiateur sans compromis.
- Écouter son autorité intérieure pour agir au bon moment.

Expression déséquilibrée :
- Ne pas informer par peur du contrôle ou du rejet.
- Agir impulsivement sans alignement, créant colère et résistance.
- Se couper des autres par manque de communication claire.

Le Manifesteur dans le monde : Initiateur de cycles et d'innovations

Historiquement, les Manifesteurs ont été les grands leaders et les initiateurs de changements. Leur puissance d'action rapide et décisive leur permet d'ouvrir des voies nouvelles et d'inspirer le mouvement collectif. Toutefois, cette même puissance peut devenir destructrice lorsqu'elle est utilisée sans conscience ou sans stratégie d'information.

Leur mission spirituelle :
Initier le changement pour le bien collectif et ouvrir des portes que d'autres pourront franchir. Le Manifesteur est appelé à se reconnecter à cette mission d'innovation et d'ouverture sans chercher à tout contrôler après coup.

Questions clés pour le Manifesteur

- Suis-je en paix avec ma puissance d'initiation ?
- Est-ce que j'informe clairement les autres de mes intentions ?
- Comment puis-je utiliser ma colère comme un signal d'alignement ?
- Quels aspects de mon autonomie dois-je rétablir pour éviter la résistance ?

Affirmations à implémenter

- "Je suis un catalyseur de changement et j'accepte mon rôle d'initiateur."
- "J'informe les personnes concernées de mes intentions pour faciliter un déroulement harmonieux."
- "Je fais confiance à mon impulsion interne pour me guider."
- "Je comprends que ma colère est un signal pour rétablir mon autonomie."
- "J'embrasse ma capacité à voir des possibilités là où d'autres voient des obstacles."

Embrasser sa puissance d'initiateur

Le Manifesteur est un agent de changement essentiel dans l'architecture du Human Design. Sa mission est de déclencher des cycles d'évolution sans chercher à tout contrôler. En informant avant d'agir et en acceptant pleinement son rôle d'initiateur, le Manifesteur peut vivre dans un état de paix durable, aligné sur sa véritable essence.

Prêt(e) à embrasser votre puissance d'initiateur ?

Le Projecteur — Le guide perspicace

Être un Projecteur, c'est incarner le rôle de guide et d'observateur attentif dans le système du Human Design. Contrairement aux autres types qui disposent d'une énergie constante ou d'une impulsion à initier, le Projecteur n'est pas conçu pour agir sans invitation. Sa puissance réside dans sa capacité à percevoir et comprendre profondément les autres, à identifier les talents et à optimiser les systèmes et les dynamiques énergétiques.

Le Projecteur est destiné à être un conseiller stratégique, illuminant le chemin pour ceux qui le reconnaissent et l'invitent à partager son expertise. Son aura, focalisée et absorbante, lui permet de pénétrer profondément dans l'énergie des autres, captant intuitivement les subtilités et les besoins des systèmes et des personnes qu'il observe.

L'essence du rôle du Projecteur

Les Projecteurs ne sont pas conçus pour fournir un effort constant ou initier des actions comme les Générateurs ou les Manifesteurs. Leur mission est de guider, pas de faire. Leur valeur réside dans leur capacité à voir clairement ce que d'autres ne perçoivent pas et à orienter l'énergie collective de manière plus efficace.

Leur super-pouvoir :
La clairvoyance et la perspicacité. Les Projecteurs possèdent une vision pénétrante des systèmes et des personnes, leur permettant de discerner rapidement ce qui fonctionne et ce qui doit être ajusté. Leur défi est de partager cette vision uniquement lorsqu'ils sont invités, sous peine d'être confrontés à l'amertume du non-soi.

L'aura et l'importance de la reconnaissance

L'aura des Projecteurs est focalisée et pénétrante, conçue pour capter et analyser les énergies des autres. Contrairement aux auras ouvertes et enveloppantes des Générateurs, l'aura du Projecteur se concentre intensément sur l'individu ou le système en face de lui, lui permettant d'accéder à une compréhension profonde et immédiate.

Cependant, cette aura nécessite reconnaissance et invitation. Sans invitation explicite et authentique, les conseils du Projecteur risquent d'être rejetés, créant un sentiment d'amertume et de frustration. L'invitation est donc essentielle non seulement pour être entendu mais aussi pour préserver son énergie et éviter l'épuisement.

La stratégie du Projecteur : Attendre l'invitation

Attendre l'invitation est la stratégie fondamentale du Projecteur. Elle concerne particulièrement :
- Les relations significatives (professionnelles, amicales, amoureuses).
- Les grandes décisions de vie (carrière, déménagement, partenariats).
- Le partage de conseils et d'expertise.

Cette stratégie ne signifie pas l'inaction, mais plutôt l'attente active de la reconnaissance sincère et des invitations alignées. La clé est de se rendre visible sans forcer, en partageant sa passion et son expertise de manière naturelle et authentique.

Signature et Non-Soi : Succès vs Amertume

Le but ultime d'un Projecteur est de vivre dans un état de succès — un sentiment d'accomplissement et de reconnaissance sincère pour sa vision et ses conseils. À l'inverse, le thème du non-soi est l'amertume — un indicateur puissant que le Projecteur agit sans invitation ou se sent sous-estimé.

L'amertume survient souvent lorsque le Projecteur cherche désespérément à être reconnu ou accepte des invitations qui ne sont pas authentiques. Apprendre à reconnaître et à accepter cette amertume comme un signal d'alignement est crucial pour évoluer vers un état de succès.

Les défis du Projecteur : Gérer l'énergie et l'attente

1. Gérer son énergie limitée :
Les Projecteurs n'ont pas de centre sacral défini, ce qui signifie qu'ils n'ont pas d'énergie constante. Leur énergie fonctionne par pics, nécessitant des périodes de repos régulières pour éviter l'épuisement.

2. Accepter d'attendre l'invitation :
Le défi principal du Projecteur est d'embrasser la patience active. L'attente de l'invitation n'est pas une stagnation mais un temps pour affiner ses compétences et se rendre visible aux bonnes personnes.

3. Éviter les conseils non sollicités :
Le Projecteur doit apprendre à partager ses conseils seulement lorsqu'il est explicitement invité. Sans invitation, ses perspectives, bien que pertinentes, risquent de rencontrer résistance et rejet.

Expression optimale vs expression déséquilibrée

Expression optimale :
- Attendre les invitations authentiques et les reconnaître.
- Conserver son énergie et se reposer régulièrement.
- Partager sa vision avec clarté et uniquement sur invitation.

Expression déséquilibrée :
- Chercher désespérément la reconnaissance.
- Donner des conseils non sollicités.
- S'épuiser en voulant faire au lieu de guider.

Le Projecteur dans le monde : Guide des énergies et des talents

Historiquement, les Projecteurs sont les conseillers et les gestionnaires de talents. Leur vision stratégique et leur capacité à optimiser les ressources humaines et énergétiques les rendent essentiels dans les rôles de leadership et de conseil.

Leur mission spirituelle :
Guider et optimiser l'énergie des autres pour un impact collectif plus harmonieux et efficace. En acceptant cette mission, les Projecteurs peuvent vivre dans un état de succès et d'accomplissement.

Questions clés pour le Projecteur

- Suis-je amer ou ressens-je du ressentiment ?
- Est-ce que j'attends des invitations authentiques ou est-ce que je me précipite ?
- Comment puis-je mieux conserver mon énergie ?
- Est-ce que je reconnais et célèbre mes succès ?

Affirmations à implémenter

- "Je suis un guide précieux et j'attends les invitations alignées avec ma vision."
- "J'honore mon énergie et je me repose sans culpabilité."
- "Je fais confiance au timing des invitations authentiques."
- "J'accepte que l'amertume est un signal pour ajuster mon alignement."
- "Je partage ma sagesse uniquement lorsque je suis invité."

Embrasser son rôle de guide avec patience et sagesse
Le Projecteur est le guide et le stratège du système du Human Design. Sa mission est d'orienter et de gérer les énergies avec sagesse et clairvoyance, mais sans s'épuiser. En acceptant pleinement son rôle et en attendant les invitations alignées, le Projecteur peut vivre dans un état de succès continu et profond.

Prêt(e) à embrasser votre rôle de guide avec patience et confiance ?

Le Générateur — Le créateur énergétique

Être un Générateur, c'est incarner une puissance constante et soutenue, destinée à bâtir, créer et transformer le monde. Doté d'une énergie sacrale inépuisable lorsqu'elle est utilisée de manière alignée, le Générateur est le pilier énergétique du Human Design. Son épanouissement réside dans sa capacité à répondre aux sollicitations de la vie plutôt qu'à initier les actions de manière spontanée.

Le Générateur trouve sa satisfaction lorsqu'il s'engage pleinement dans des activités qui résonnent profondément avec lui. C'est dans le travail passionnant et l'engagement quotidien qu'il découvre sa plus grande force et sa joie. À l'inverse, la frustration signale qu'il s'écarte de sa voie naturelle, souvent en tentant d'initier plutôt que de répondre.

L'essence du rôle du Générateur

Le rôle du Générateur est d'alimenter et de construire le monde avec constance et détermination. Contrairement aux Manifesteurs qui initient et aux Projecteurs qui guident, le Générateur est conçu pour répondre à ce qui se présente et y appliquer son énergie de manière durable.

Leur super-pouvoir :
La réponse sacrale, un oui instinctif ("uh-huh") ou un non instinctif ("uh-uh") qui indique clairement si une opportunité est alignée ou non. En écoutant cette boussole intérieure, le Générateur sait exactement quand investir son énergie et quand se détourner.

L'aura et la réponse sacrale

L'aura des Générateurs est ouverte et enveloppante, attirant naturellement les opportunités et les personnes vers eux. Cette aura magnétique est un reflet de leur force vitale et de leur capacité à s'engager pleinement dans ce qu'ils aiment.

La réponse sacrale agit comme un système de navigation interne, guidant le Générateur vers les expériences les plus enrichissantes. En écoutant cette réponse, le Générateur peut éviter la frustration et trouver la satisfaction profonde dans le travail et les relations.

La stratégie du Générateur : Attendre pour répondre

Attendre pour répondre est la stratégie fondamentale du Générateur. Elle consiste à :
- Observer et patienter jusqu'à ce qu'une sollicitation externe suscite une réponse sacrale.
- Faire confiance à l'univers pour apporter les bonnes opportunités au bon moment.
- Éviter d'initier des actions spontanées qui ne trouvent pas de réponse dans le sacral.

Cette stratégie, loin d'être une inaction, est un art subtil d'attendre activement et de se rendre disponible aux bonnes opportunités.

Signature et Non-Soi : Satisfaction vs Frustration

Le but ultime d'un Générateur est de vivre dans un état de satisfaction — un sentiment d'accomplissement profond et de contentement dans ce qu'il fait. À l'inverse, le thème du non-soi est la frustration — un signal que le Générateur tente d'initier ou persévère dans des activités qui ne résonnent pas avec son énergie.

La frustration survient souvent lorsqu'un Générateur ignore sa réponse sacrale ou se sent piégé dans des engagements qui ne l'épanouissent pas. La clé est d'accepter cette frustration comme un indicateur précieux, l'invitant à réaligner ses choix sur son énergie sacrale.

Les défis du Générateur : Gérer l'énergie et l'impatience

1. Honorer son énergie sacrale :
Le Générateur doit apprendre à écouter et à suivre sa réponse sacrale sans se laisser influencer par la pression extérieure ou la peur de décevoir.

2. Surmonter l'impatience :
Le désir d'initier et l'impatience de trouver des réponses immédiates peuvent conduire à des décisions précipitées. Attendre les bonnes sollicitations est essentiel pour éviter la frustration.

3. Persévérer sans s'épuiser :
Le Générateur peut facilement s'épuiser en persévérant dans des activités qui ne sont pas alignées. Écouter le sacral permet de discerner quand persévérer et quand lâcher prise.

Expression optimale vs expression déséquilibrée

Expression optimale :
- Répondre avec enthousiasme aux sollicitations alignées.
- Investir son énergie sacrale dans des activités passionnantes et nourrissantes.
- Vivre avec satisfaction en suivant sa boussole intérieure.

Expression déséquilibrée :
- Initier sans répondre aux sollicitations externes.
- Persévérer dans des activités frustrantes par peur de l'échec.
- Se couper de sa boussole sacrale en cherchant l'approbation des autres.

Le Générateur dans le monde : Le bâtisseur infatigable

Historiquement, les Générateurs sont les constructeurs et les artisans du monde, ceux qui matérialisent les idées avec patience et détermination. Leur rôle est d'alimenter le collectif par leur travail constant et aligné.

Leur mission spirituelle :
Transformer l'inspiration en réalité concrète, en appliquant leur énergie sacrale à des tâches significatives et alignées. En acceptant cette mission, les Générateurs peuvent vivre dans un état de satisfaction durable.

Questions clés pour le Générateur

- Est-ce que j'écoute ma réponse sacrale ou est-ce que j'initie sans sollicitation ?
- Quels aspects de ma vie me procurent de la frustration plutôt que de la satisfaction ?
- Suis-je patient avec le processus d'attente pour répondre ?
- Est-ce que je persévère par peur du changement ou par alignement ?

Affirmations à implémenter

- "Je fais confiance à ma réponse sacrale pour me guider vers la satisfaction."
- "J'attends les sollicitations avec patience et confiance."
- "Je reconnais la frustration comme un signal pour réaligner mon énergie."
- "J'investis mon énergie dans des activités qui me passionnent profondément."
- "Je célèbre chaque pas aligné vers la satisfaction."

Embrasser son rôle de créateur avec patience et engagement

Le Générateur est le bâtisseur inépuisable du système du Human Design. Sa mission est de transformer et de construire avec constance et passion, tout en suivant la guidance de sa réponse sacrale. En acceptant pleinement son rôle et en attendant pour répondre, le Générateur peut vivre dans un état de satisfaction profonde et durable.

Prêt(e) à embrasser votre rôle de bâtisseur avec passion et patience ?

Le Générateur Manifesteur — Le créateur polyvalent

Le Générateur Manifesteur (GM) est la quintessence de la polyvalence et de l'endurance. Fusionnant les qualités d'initiation des Manifesteurs avec la puissance réactive et la durabilité des Générateurs, le GM est conçu pour multiplier les projets et accélérer les processus créatifs. Sa capacité à embrasser une variété d'intérêts et à gérer plusieurs tâches simultanément est à la fois sa force et son défi.

Contrairement aux Générateurs purs, le GM n'est pas fait pour suivre une voie linéaire. Sa nature hybride lui permet de répondre rapidement aux sollicitations tout en initiant des actions, à condition de respecter sa stratégie unique : "Attendre pour répondre" et "Informer avant d'agir". Cette stratégie combinée lui permet d'aligner ses actions avec son essence véritable, évitant ainsi les pièges de la frustration et de la colère.

L'essence du rôle du Générateur Manifesteur

Le GM est conçu pour mettre en mouvement les idées et les projets avec rapidité et efficacité. Doté d'une énergie sacrale inépuisable lorsqu'elle est bien utilisée, il est capable d'agir vite tout en maintenant une endurance remarquable pour mener ses initiatives à terme.

Leur super-pouvoir :
La polyvalence et la rapidité d'exécution. Les GM peuvent initier des projets sans attendre, tout en s'appuyant sur leur réponse sacrale pour les guider avec précision. Cette combinaison leur permet d'agir à la fois comme catalyseurs du changement et comme bâtisseurs infatigables.

L'aura et la réponse sacrale

L'aura des GM est à la fois ouverte et enveloppante, mais aussi pénétrante. Elle attire naturellement les opportunités et les personnes tout en créant un impact immédiat et direct. Cette aura hybride permet aux GM d'attirer et d'initier simultanément, tout en assurant un flux constant d'énergie pour alimenter leurs actions.

La réponse sacrale est le guide le plus fiable du GM. C'est un oui instinctif ("uh-huh") ou un non instinctif ("uh-uh") qui lui indique clairement si une opportunité est alignée ou non. En écoutant cette réponse et en prenant soin d'informer avant d'agir, le GM peut naviguer dans la vie avec aisance et succès.

La stratégie du GM : Attendre pour répondre et informer avant d'agir

La stratégie du GM est une combinaison unique qui allie :
"Attendre pour répondre" : Observer et patienter jusqu'à ce qu'une sollicitation externe suscite une réponse sacrale claire.
"Informer avant d'agir" : Communiquer ses intentions avant d'initier une action pour éviter la résistance et les malentendus.

Cette stratégie combinée permet au GM :
- D'initier sans générer de résistance inutile.
- D'assurer la continuité et la cohérence dans ses actions.
- D'éviter la frustration et la colère en s'alignant sur son énergie sacrale.

Signature et Non-Soi : Satisfaction et Paix vs Frustration et Colère

Le but ultime d'un GM est de vivre dans un état de satisfaction et de paix — un sentiment d'accomplissement et d'harmonie intérieure. La satisfaction découle de l'utilisation correcte de l'énergie sacrale, tandis que la paix provient de la communication claire des intentions.

À l'inverse, le thème du non-soi est marqué par la frustration et la colère :
Frustration : Lorsque le GM initie sans écouter sa réponse sacrale.
Colère : Lorsqu'il agit sans informer, suscitant résistance et incompréhension.
La clé est d'accepter ces émotions comme des signaux précieux, indiquant qu'il est temps de revenir à sa stratégie et d'ajuster son alignement.

Les défis du GM : Gérer l'impatience et l'énergie hybride

1. Équilibrer l'indépendance et la collaboration :
Le GM doit apprendre à naviguer entre son désir d'agir seul et son besoin de répondre aux sollicitations extérieures. L'équilibre entre l'indépendance et l'interdépendance est crucial pour éviter l'épuisement.

2. Canaliser l'énergie sacrale :
Avec une énergie aussi puissante, le GM peut facilement se disperser. Se concentrer sur les projets qui déclenchent une réponse sacrale claire est essentiel pour maximiser son impact.

3. Surmonter l'impatience :
Le désir d'initier rapidement peut amener le GM à négliger la phase de réponse ou à omettre d'informer les autres, créant des tensions et de la résistance. Pratiquer la patience active est fondamental pour éviter ces pièges.

Expression optimale vs expression déséquilibrée

Expression optimale :
- Répondre puis initier avec clarté et conviction.
- Informer les autres de ses intentions pour faciliter l'acceptation.
- Canaliser son énergie sacrale dans des projets alignés et passionnants.

Expression déséquilibrée :
- Initier sans répondre ni informer, créant confusion et frustration.
- Se disperser dans trop de projets sans les mener à terme.
- Ignorer sa réponse sacrale et persévérer dans des activités non alignées.

Le GM dans le monde : Le catalyseur créatif

Les GM sont les moteurs du changement et de l'innovation. Leur capacité à initier rapidement et à persévérer dans l'action leur permet de transformer les idées en réalité tangible. Leur mission est d'intégrer leur capacité à initier avec leur puissance à persévérer pour créer des résultats significatifs et durables.

Leur mission spirituelle :
Accélérer l'évolution et le changement en transformant les inspirations en actions concrètes. En acceptant pleinement leur rôle hybride, les GM peuvent vivre une vie d'accomplissement et de créativité.

Questions clés pour le GM

- Est-ce que j'écoute ma réponse sacrale avant d'initier ?
- Est-ce que j'informe clairement les autres de mes intentions ?
- Quels aspects de ma vie me procurent frustration et colère ?
- Comment puis-je canaliser mon énergie hybride plus efficacement ?

Affirmations à implémenter

- "Je fais confiance à ma réponse sacrale et j'informe avec clarté."
- "J'accueille la diversité de mes passions avec sérénité."
- "Je reconnais la frustration et la colère comme des signaux d'alignement."
- "Je combine l'initiation et la réponse pour agir avec puissance et fluidité."
- "Je célèbre chaque étape vers la satisfaction et la paix."

Embrasser son rôle hybride avec puissance et clarté
Le GM est le catalyseur créatif du système du Human Design. Sa mission est de déclencher et d'alimenter les changements tout en maintenant une énergie durable et alignée. En acceptant pleinement son rôle hybride et en respectant sa stratégie unique, le GM peut vivre dans un état de satisfaction profonde et de paix intérieure.

Prêt(e) à embrasser votre puissance hybride avec passion et clarté ?

Le Réflecteur — Le miroir universel

Le Réflecteur, représentant moins de 1% de la population, est le véritable miroir du système du Human Design. Dépourvu de centres définis, il agit comme un caméléon énergétique, reflétant les énergies et les vérités de son environnement. Sa puissance réside dans sa capacité unique à révéler l'authenticité des autres et l'état global des systèmes auxquels il est connecté.

Contrairement aux autres types qui s'appuient sur des centres définis pour prendre des décisions, le Réflecteur dépend des cycles lunaires pour accéder à une clarté intérieure. Son aura résistante et échantillonnante lui permet de capter, d'amplifier et de refléter l'énergie autour de lui, offrant ainsi une perspective unique et souvent prophétique.

L'essence du rôle du Réflecteur

Les Réflecteurs sont les baromètres de la communauté. Ils n'ont pas pour mission d'agir directement, mais de révéler la vérité et l'authenticité de ceux qui les entourent. Leur rôle est d'indiquer l'état de santé énergétique de leur environnement et d'inviter à l'alignement et au changement.

Leur super-pouvoir :
La capacité à refléter l'authenticité. Les Réflecteurs agissent comme des miroirs purs, montrant aux autres ce qu'ils sont vraiment sans jugement ni parti pris. Leur présence dans une communauté est un indicateur précis de son état global et de ses déséquilibres.

L'aura et le cycle lunaire

L'aura des Réflecteurs est résistante et échantillonnante. Contrairement aux autres types qui absorbent ou repoussent les énergies, le Réflecteur capte, teste et reflète les vibrations des autres sans se les approprier. Cette aura unique lui permet de détecter les dysfonctionnements et le désalignement énergétique dans les systèmes et les personnes.

Le cycle lunaire de 28 jours est le guide principal du Réflecteur. Ce cycle lui permet :
- D'échantillonner différentes perspectives au fil des phases lunaires.
- De prendre des décisions importantes en laissant le temps à l'énergie de s'équilibrer et d'apporter une clarté progressive.
- D'éviter les décisions impulsives, qui mènent souvent à la déception, le thème du non-soi.

La stratégie du Réflecteur : Attendre un cycle lunaire

Attendre un cycle lunaire complet est la stratégie fondamentale du Réflecteur. Cette stratégie lui permet :
- D'observer et d'échantillonner différentes énergies et perspectives sans se précipiter.
- De laisser émerger la vérité à travers les différentes phases lunaires.
- D'éviter les décisions influencées par des conditionnements immédiats ou par des environnements temporaires.

La patience est essentielle pour les Réflecteurs, car elle leur offre la possibilité de discerner avec précision ce qui est aligné pour eux et pour les autres.

Signature et Non-Soi : Émerveillement vs Déception

Le but ultime d'un Réflecteur est de vivre dans un état d'émerveillement — une capacité à être agréablement surpris par la vie et par les révélations sur la nature humaine. L'émerveillement survient lorsque le Réflecteur accepte pleinement son rôle de miroir sans tenter de contrôler ou d'interférer.

À l'inverse, le thème du non-soi est la déception :

Déception : Lorsqu'il prend des décisions sans attendre un cycle lunaire complet ou lorsqu'il se laisse conditionner par son environnement.

Sentiment d'impuissance : Lorsqu'il tente de "réparer" les autres plutôt que de simplement refléter ce qui est.

La clé est d'accepter cette déception comme un signal d'ajustement, l'invitant à se réaligner avec sa stratégie et à observer sans intervenir.

Les défis du Réflecteur : Gérer l'influence de l'environnement

1. Choisir soigneusement son environnement :
Le Réflecteur est extrêmement sensible à l'énergie de son entourage. Vivre dans un environnement toxique ou désaligné peut avoir des effets dévastateurs sur son bien-être. Trouver des espaces nourrissants est essentiel pour maintenir son alignement et sa clarté.

2. Accepter la fluidité de son identité :
Sans centres définis, le Réflecteur peut se sentir perdu ou sans identité stable. Comprendre que son essence est fluide et adaptable permet d'éviter la quête incessante d'une identité fixe.

3. Naviguer la pression de la prise de décision :
Le monde valorise la rapidité et la certitude. Le défi pour le Réflecteur est d'assumer son besoin de temps et de ne pas céder à la pression d'agir rapidement.

Expression optimale vs expression déséquilibrée

Expression optimale :
- Attendre un cycle lunaire avant toute décision majeure.
- Choisir des environnements sains et alignés.
- Refléter sans tenter de réparer les autres.

Expression déséquilibrée :
- Prendre des décisions impulsives par peur d'être instable.
- S'isoler par peur de l'influence des autres.
- Tenter de changer les autres plutôt que de les refléter.

Le Réflecteur dans le monde : Le miroir de la conscience collective

Les Réflecteurs sont les gardiens de la vérité et de l'authenticité collective. Leur rôle est de refléter l'état des systèmes sociaux, des communautés et des individus, offrant ainsi des pistes d'amélioration et d'alignement sans jugement ni attachement personnel.

Leur mission spirituelle :
Éveiller la conscience collective par le simple fait de refléter l'authenticité et les déséquilibres, et permettre ainsi aux autres de voir clairement ce qui doit être ajusté.

Questions clés pour le Réflecteur

- Suis-je dans le bon environnement pour moi ?
- Est-ce que j'attends un cycle lunaire complet avant de décider ?
- Quels aspects de ma vie me procurent de la déception ?
- Est-ce que je me sens libre de refléter sans tenter de changer les autres?

Affirmations à implémenter

- "Je suis un miroir authentique et impartial pour mon environnement."
- "J'attends le cycle lunaire complet pour accéder à la clarté intérieure."
- "Je reconnais la déception comme un signal pour réaligner mon environnement."
- "Je choisis des espaces et des personnes qui nourrissent mon bien-être."
- "Je reflète la vérité sans chercher à la modifier."

Embrasser son rôle de miroir avec patience et sagesse

Le Réflecteur est le miroir universel du système du Human Design. Sa mission est de refléter la vérité et l'authenticité des autres sans tenter de les changer, tout en naviguant avec sagesse et patience. En acceptant pleinement son rôle et en respectant son processus décisionnel unique, le Réflecteur peut vivre dans un état d'émerveillement et de révélation constante.

Prêt(e) à embrasser votre rôle de miroir avec patience et clarté ?

Vivre son type au quotidien

Après avoir exploré les fondations de chaque type, il est essentiel de comprendre comment cette dynamique énergétique influence notre quotidien, que ce soit dans le travail, les relations ou notre manière d'interagir avec le monde. Le Human Design ne se limite pas à une compréhension théorique ; il est avant tout un outil de transformation pour mieux naviguer la vie avec fluidité.

Les types et le monde du travail : Carrière, Leadership et Entrepreneuriat

Le type énergétique influence fortement la manière dont nous abordons le travail, la prise de décision et le leadership. Voici comment chaque type peut maximiser son potentiel dans un cadre professionnel.

LE MANIFESTEUR : L'entrepreneur visionnaire et indépendant

Mode de fonctionnement : Il initie, il impulse, il trace la voie. Il préfère travailler de manière indépendante et ne supporte pas qu'on lui dise quoi faire.

Forces : Grand visionnaire, il peut lancer des projets révolutionnaires et inspirer ceux qui le suivent.

Défis : Il peut avoir du mal à collaborer et doit apprendre à informer pour éviter la résistance.

En entrepreneuriat : Idéal pour créer de nouveaux concepts, initier des mouvements. Il n'a pas besoin d'attendre une validation extérieure mais doit informer son équipe pour éviter des blocages.

Dans un emploi salarié : Il peut se sentir limité dans des structures trop rigides. Il excelle dans des rôles où il peut initier et déléguer.

LE GÉNÉRATEUR : Le bâtisseur passionné

Mode de fonctionnement : Il répond aux opportunités et s'engage pleinement quand il trouve ce qui le passionne.

Forces : Persévérant, énergique, il peut accomplir des tâches sur le long terme avec un engagement inébranlable.

Défis : S'il choisit un travail qui ne l'inspire pas, il se sentira frustré et épuisé.

En entrepreneuriat : Il doit attendre une stimulation extérieure avant de se lancer et ne pas chercher à forcer les choses. Il trouve son épanouissement en construisant quelque chose qu'il aime.

Dans un emploi salarié : Il a besoin de réponses claires, d'un environnement engageant et de ressentir un enthousiasme naturel pour ses missions.

LE GÉNÉRATEUR MANIFESTEUR : L'entrepreneur polyvalent et rapide

Mode de fonctionnement : Il répond aux opportunités mais peut aussi initier avec rapidité.

Forces : Très efficace, il jongle avec plusieurs projets et avance rapidement.

Défis : Il peut être impatient, négliger des étapes et se disperser.

En entrepreneuriat : Il a besoin de liberté et de diversité. Il doit apprendre à informer son entourage pour éviter la confusion.

Dans un emploi salarié : Il peut s'ennuyer vite s'il ne peut pas varier ses tâches. Il fonctionne mieux avec des cycles courts et intenses.

LE PROJECTEUR : Le stratège et guide du groupe

Mode de fonctionnement : Il observe, analyse et attend d'être invité avant de partager ses conseils et son expertise.

Forces : Il excelle dans le management, la supervision et la gestion des talents.

Défis : Il peut se sentir épuisé s'il essaye d'adopter le rythme des types sacraux (Générateurs et MG).

En entrepreneuriat : Il doit attendre d'être reconnu pour que son business prospère. Il excelle dans les rôles de coach, consultant, mentor.

Dans un emploi salarié : Il fonctionne mieux dans des postes de supervision ou de gestion des talents, où il peut être écouté et respecté pour sa vision.

LE RÉFLECTEUR : L'observateur et baromètre de l'environnement

Mode de fonctionnement : Il ressent profondément l'état du groupe et reflète son équilibre.

Forces : Il sait détecter ce qui fonctionne ou non dans une entreprise ou une équipe.

Défis : Il doit prendre son temps avant de prendre des décisions importantes.

En entrepreneuriat : Il excelle dans des rôles d'auditeur, de facilitateur ou de conseiller où il peut observer sans être dans l'action directe.

Dans un emploi salarié : Il doit choisir un environnement sain et inspirant, car il absorbe fortement l'énergie ambiante.

Les types et les relations : Amour, Amitié et Vie sociale

Nos interactions avec les autres sont influencées par notre type, mais aussi par le type des personnes avec qui nous partageons notre vie. Voici quelques exemples concrets de dynamique relationnelle :

UN **COUPLE MANIFESTEUR - GÉNÉRATEUR** : Le Générateur peut se sentir frustré par l'indépendance du Manifesteur qui agit seul sans attendre de réponse. Le Manifesteur, de son côté, peut ressentir la persistance du Générateur comme oppressante.
Clé : La communication et l'acceptation du rythme de chacun.

UN **DUO DE PROJECTEURS** en amitié ou en travail : Deux Projecteurs se comprennent profondément, mais peuvent manquer d'énergie pour concrétiser leurs idées.
Clé : Travailler avec des types sacraux pour l'exécution.

UN **RÉFLECTEUR** DANS UNE **FAMILLE GÉNÉRATEUR - MG** : Le Réflecteur capte tout, y compris les frustrations et les tensions. Il a besoin de temps seul pour se purifier et éviter d'être submergé par l'énergie des autres.

UNE **COLLABORATION GÉNÉRATEUR MANIFESTEUR - PROJECTEUR** : Le GM initie et exécute, le Générateur répond et bâtit, et le Projecteur guide la vision stratégique.
Clé : Chacun doit respecter son rôle et éviter de vouloir tout faire.

Vivre aligné au quotidien : Énergie, Rythme et Bien-être

Chaque type a des besoins spécifiques en matière d'énergie et de gestion du quotidien :

- Les **Manifesteurs** doivent accepter leurs cycles d'énergie fluctuants et ne pas se forcer à maintenir une constance qu'ils n'ont pas.
- Les **Générateurs** et **MG** doivent éviter de gaspiller leur énergie dans des engagements non satisfaisants. S'ils se sentent vidés, c'est qu'ils ne sont pas sur la bonne voie.
- Les **Projecteurs** doivent planifier du repos et ne pas se comparer aux types sacraux. Moins de travail, mais plus d'impact.
- Les **Réflecteurs** doivent choisir soigneusement leurs environnements, car ils absorbent tout ce qui les entoure.

Intégrer son type dans la matière
Comprendre son type ne suffit pas : il faut l'appliquer dans son quotidien.
En reconnaissant comment notre énergie influence notre carrière, nos relations et notre bien-être, nous pouvons vivre plus alignés et éviter les résistances inutiles.

Votre type est un atout unique. Apprenez à le maîtriser et voyez comment il transforme votre quotidien.

Au fil de cette première partie, nous avons exploré les fondations essentielles du Human Design à travers les types énergétiques. Chacun de ces types possède une aura unique, une stratégie propre, et un rôle spécifique dans le grand schéma de l'existence. Comprendre son type est la première étape vers un alignement profond avec soi-même, permettant d'interagir avec le monde d'une manière plus fluide et naturelle.

- Le **Manifesteur** initie et ouvre des voies.
- Le **Générateur** construit et persévère avec passion.
- Le **Générateur Manifesteur** combine rapidité et endurance pour catalyser le changement.
- Le **Projecteur** guide et optimise les ressources et les talents des autres.
- Le **Réflecteur** reflète l'authenticité et l'état des environnements dans lesquels il évolue.

Mais comprendre son type ne suffit pas. L'objectif n'est pas simplement de se reconnaître dans une catégorie, mais d'expérimenter ce savoir dans la matière. À quoi cela sert-il de savoir que l'on est un Générateur si l'on continue à initier sans attendre de réponse sacrale ? Comment un Manifesteur peut-il éviter la résistance s'il n'informe pas ? Pourquoi un Projecteur ressent-il de l'amertume lorsqu'il force des situations sans invitation ?

L'intégration du Human Design passe par l'expérimentation.
Votre type vous donne une boussole intérieure, mais c'est à vous de la suivre. Chaque journée est une opportunité d'observer comment votre énergie fonctionne réellement. Est-ce que vous ressentez la satisfaction, la paix, le succès, la surprise… ou plutôt la frustration, la colère, l'amertume ou la déception ? Ces émotions sont des indicateurs puissants de votre alignement ou de votre désalignement.

Vivre son type au quotidien
Nous avons également exploré l'impact de chaque type dans le monde réel :
- **Dans le travail et l'entrepreneuriat** : comment chaque type peut maximiser son potentiel dans un environnement professionnel.
- **Dans les relations** : comment interagir de manière plus consciente en respectant les dynamiques énergétiques des autres.
- **Dans la gestion de l'énergie** : comment respecter son propre rythme pour éviter l'épuisement et maximiser son bien-être.

Ce qui nous attend dans la suite : Les Stratégies pour naviguer avec fluidité
Comprendre son type est essentiel, mais ce n'est que le début du voyage. Pour véritablement incarner son design, il est indispensable de suivre sa stratégie. La stratégie est le mode d'emploi spécifique à chaque type, permettant d'éviter les résistances et de vivre avec plus de fluidité.
Dans la prochaine partie, nous verrons en détail les stratégies de chaque type, pourquoi elles sont essentielles, et comment les appliquer concrètement pour créer un quotidien plus aligné et harmonieux.

Votre type est votre clé d'activation, votre stratégie est votre manière de l'utiliser.
Prêt(e) à découvrir comment naviguer la vie en pleine conscience ?

CHAPITRE 2
LES STRATÉGIES
NAVIGUER AVEC FLUIDITÉ

Après avoir exploré les types énergétiques, il est maintenant temps d'aborder l'élément clé qui permet de véritablement incarner son Human Design : la Stratégie. Si le type nous donne une cartographie énergétique, la stratégie est le mode d'emploi qui permet de naviguer avec aisance dans la vie et d'éviter les résistances inutiles.

Dans notre société, nous avons appris à fonctionner principalement avec notre mental pour prendre des décisions et structurer notre vie. Pourtant, dans le Human Design, le mental n'est pas conçu pour décider, il est là pour observer et analyser. Notre stratégie, en revanche, est notre boussole naturelle, notre guide intérieur pour interagir avec le monde sans lutter contre notre propre énergie.

Lorsque nous respectons notre stratégie :
- Les opportunités arrivent avec plus de fluidité
- Les relations deviennent plus harmonieuses
- Nous ressentons une profonde satisfaction, paix, succès ou émerveillement

En revanche, lorsque nous ignorons notre stratégie, nous rencontrons des blocages, des frustrations, des résistances et des conflits. Ces émotions de non-soi ne sont pas des punitions, mais des signaux d'alarme, nous indiquant que nous allons à contre-courant de notre propre énergie.

Dans cette partie, nous allons explorer en profondeur les stratégies spécifiques à chaque type :

Pourquoi et comment appliquer sa stratégie ?
- Le rôle fondamental de la stratégie et les bénéfices concrets de son application.
- Un guide détaillé sur la manière de l'expérimenter dans la vie quotidienne.

Les signes de résistance et d'alignement
- Comment reconnaître quand nous sommes alignés et quand nous sommes en déséquilibre.
- Comment ajuster nos actions pour retrouver notre fluidité naturelle.

Exercices pratiques d'observation
- Des pratiques concrètes pour expérimenter et affiner son

alignement énergétique.

Votre stratégie est la clé pour transformer votre expérience de vie.
Prêt(e) à apprendre comment l'appliquer et en ressentir les bénéfices?

Pourquoi et comment appliquer sa stratégie ?

Pourquoi la stratégie est-elle essentielle ?

Dans le Human Design, notre type définit notre mode de fonctionnement énergétique, mais c'est notre stratégie qui nous indique comment interagir avec le monde de manière fluide et alignée. C'est elle qui nous permet d'éviter la résistance et de nous diriger vers une vie où les choses semblent s'enchaîner naturellement, sans lutte constante.

Nous avons souvent été conditionnés à agir selon la volonté du mental, à prendre des décisions sous l'effet de la pression extérieure, des croyances sociétales ou des attentes des autres. Or, le mental n'est pas notre guide en Human Design ; il est là pour observer et donner du sens à nos expériences, mais il ne sait pas quelle direction prendre. Notre stratégie, en revanche, est directement connectée à notre énergie et à notre mode d'interaction avec le monde.

Respecter sa stratégie permet :
- De prendre des décisions avec clarté plutôt que dans la précipitation ou la confusion.
- D'éviter les blocages, conflits et frustrations en laissant l'énergie circuler naturellement.
- D'attirer les bonnes opportunités sans avoir à les forcer.
- D'interagir avec les autres d'une manière plus fluide et harmonieuse.

Quelle est la stratégie de chaque type et comment l'appliquer ?

Le MANIFESTEUR – Informer avant d'agir

Pourquoi ?
Le Manifesteur a une aura fermée et impactante, ce qui peut créer de la résistance lorsqu'il agit sans prévenir. Informer permet de minimiser les frictions, d'éviter que les autres ne le bloquent ou ne lui imposent des limites inutiles.

Comment appliquer cette stratégie ?
✔ Avant de passer à l'action, prendre le temps d'informer les personnes concernées.
✔ Être clair sur ses intentions, sans chercher de validation extérieure.
✔ Observer comment l'information réduit la résistance et ouvre des portes.

Exemple concret :
Un **Manifesteur entrepreneur** qui veut lancer un nouveau projet gagnera en fluidité en informant ses collaborateurs et clients de son initiative, plutôt que de prendre des décisions en solo.

Le GÉNÉRATEUR – Attendre pour répondre

Pourquoi ?
Le Générateur possède une énergie sacrale puissante, mais elle ne peut s'activer pleinement que lorsqu'il répond à une sollicitation extérieure. Lorsqu'il initie sans attendre, il risque la frustration et l'épuisement.

Comment appliquer cette stratégie ?
✔ Être attentif aux stimuli extérieurs : une question, une opportunité, un signe de la vie.
✔ Se connecter à sa réponse sacrale (sentir un "uh-huh" pour un oui, ou un "uh-uh" pour un non).
✔ Ne pas forcer l'action : laisser la réponse venir naturellement.

Exemple concret :
Un **Générateur** qui cherche un emploi évitera d'envoyer des

candidatures au hasard, mais répondra aux offres qui l'enthousiasment réellement, en écoutant son énergie intérieure.

Le GÉNÉRATEUR MANIFESTEUR – Attendre pour répondre et informer avant d'agir

Pourquoi ?
Le GM possède une double dynamique : il doit d'abord répondre, mais une fois engagé, il peut initier et agir rapidement. Cependant, comme le Manifesteur, il doit informer pour éviter la résistance.

Comment appliquer cette stratégie ?
✔ Attendre un signal extérieur avant d'agir.
✔ Écouter la réponse sacrale avant de s'engager.
✔ Informer son entourage avant d'aller trop vite, pour éviter les malentendus.

Exemple concret :
Un **GM** qui veut changer de voie professionnelle doit d'abord attendre une opportunité qui le fait vibrer, puis informer son entourage (employeurs, collègues, clients) pour assurer une transition fluide.

Le PROJECTEUR – Attendre l'invitation

Pourquoi ?
Le Projecteur a une aura focalisée et pénétrante, ce qui lui permet de voir profondément les autres. Mais s'il donne des conseils sans y être invité, il se heurte à de l'amertume et du rejet.

Comment appliquer cette stratégie ?
✔ Attendre une reconnaissance claire avant de partager son expertise.
✔ Se rendre visible en partageant ses connaissances de manière subtile (sans imposer).
✔ Ne pas se précipiter : laisser les bonnes invitations arriver naturellement.

Exemple concret :
Un **Projecteur** coach ou consultant doit éviter de donner des

conseils non sollicités. Il doit attendre que ses clients ou collègues le reconnaissent et le sollicitent avant de partager son expertise.

Le RÉFLECTEUR – Attendre un cycle lunaire

Pourquoi ?
Le Réflecteur n'a aucun centre défini, ce qui signifie qu'il est profondément influencé par son environnement. Attendre un cycle lunaire complet lui permet de voir la situation sous différents angles avant de décider.

Comment appliquer cette stratégie ?
✔ Prendre 28 jours pour observer les fluctuations de ses ressentis avant une grande décision.
✔ Éviter la pression de devoir agir dans l'instant.
✔ Parler à des personnes de confiance pendant ce processus pour explorer différentes perspectives.

Exemple concret :
Un **Réflecteur** qui hésite à changer de ville ou de carrière ne doit pas précipiter sa décision. Il gagnera en clarté en attendant un cycle lunaire complet avant de trancher.

Ce qu'il faut retenir pour bien appliquer sa stratégie

✔ Comprendre que la stratégie n'est pas une contrainte mais une boussole naturelle.
✔ S'observer au quotidien : comment réagissons-nous quand nous respectons ou ignorons notre stratégie ?
✔ Être patient avec le processus : le Human Design est une expérimentation qui s'affine avec le temps.

Lorsque nous respectons notre stratégie, nous accédons à un état d'alignement où les opportunités et les relations se déroulent avec fluidité.
Prêt(e) à observer comment cela fonctionne dans votre vie ?

Les signes de résistance et d'alignement

Après avoir exploré l'importance de la stratégie et comment l'appliquer pour chaque type, il est essentiel de comprendre les signes qui indiquent si nous sommes alignés ou en résistance. En Human Design, ces signaux internes et externes sont des indicateurs précieux qui nous montrent si nous suivons notre énergie naturelle ou si nous nous laissons guider par le conditionnement et le mental.

Lorsque nous respectons notre stratégie, nous ressentons un état de fluidité, où les choses semblent se mettre en place avec facilité. À l'inverse, lorsque nous allons contre notre design, nous ressentons de la résistance, sous forme d'émotions négatives spécifiques à chaque type.

Cette section va nous aider à identifier ces signes d'alignement et de désalignement, afin d'apporter des ajustements concrets à notre quotidien.

Les signes d'alignement et de résistance par type

MANIFESTEUR
Alignement → Paix
- ☐ Sensation de liberté et d'indépendance.
- ☐ Actions qui se déroulent sans trop d'obstacles.
- ☐ Projets initiés qui avancent avec fluidité.
- ☐ Reconnaissance naturelle de son impact.

Résistance → Colère
- ☒ Sensation d'être contrôlé ou limité.
- ☒ Frustration face aux blocages et résistances des autres.
- ☒ Rejet ou incompréhension de son entourage.
- ☒ Fatigue due au fait de forcer les choses sans informer.

Comment réajuster ? → **Informer davantage avant d'agir,** et observer comment cela facilite les interactions et réduit la résistance.

GÉNÉRATEUR
Alignement → Satisfaction
- ☑ Énergie fluide et durable dans les activités.
- ☑ Engagement profond dans un travail ou un projet excitant.
- ☑ Sentiment d'accomplissement à la fin de la journée.
- ☑ Opportunités et rencontres qui arrivent naturellement.

Résistance → Frustration
- ☒ Sensation de stagnation ou d'ennui dans le travail.
- ☒ Fatigue et épuisement malgré une énergie disponible.
- ☒ Engagement dans des activités qui ne procurent aucun plaisir.
- ☒ Impression de devoir forcer les choses pour avancer.

Comment réajuster ? → Attendre une stimulation extérieure et écouter la réponse sacrale avant de s'engager. Dire non aux choses qui ne procurent pas de réponse positive.

GÉNÉRATEUR MANIFESTEUR
Alignement → Satisfaction et Paix
- ☑ Actions rapides et efficaces qui produisent des résultats.
- ☑ Sentiment d'être en mouvement sans obstacles majeurs.
- ☑ Capacité à mener plusieurs projets en parallèle sans stress.
- ☑ Harmonie entre action et réponse sacrale.

Résistance → Frustration et Colère
- ☒ Se sentir bloqué ou freiné dans ses élans.
- ☒ Agir trop vite sans informer, ce qui crée des malentendus.
- ☒ Abandonner des projets en cours par impatience.
- ☒ Déperdition d'énergie dans des directions non alignées.

Comment réajuster ? → Prendre le temps d'informer et d'écouter sa réponse sacrale avant d'agir, plutôt que de tout précipiter.

PROJECTEUR
Alignement → Succès
- ☑ Sensation d'être vu, reconnu et valorisé.
- ☑ Invitations et opportunités qui arrivent naturellement.
- ☑ Capacité à guider et conseiller avec impact.
- ☑ Energie bien gérée et préservée.

Résistance → Amertume
- ☒ Sensation d'être ignoré ou sous-estimé.
- ☒ Fatigue extrême due à une surcharge d'activité.
- ☒ Frustration face à des conseils donnés mais non écoutés.
- ☒ Recherche d'attention ou validation non naturelle.

Comment réajuster ? → Attendre la reconnaissance et l'invitation avant de partager son expertise. Se reposer et ne pas essayer de « forcer » la reconnaissance.

RÉFLECTEUR

Alignement → Émerveillement et Surprise
- ☑ Sensation d'être au bon endroit avec les bonnes personnes.
- ☑ Expériences variées et enrichissantes.
- ☑ Vision claire et objective des situations.
- ☑ Sentiment de sérénité et de fluidité dans les décisions.

Résistance → Déception
- ☒ Se sentir perdu ou sans direction claire.
- ☒ Impression de subir son environnement.
- ☒ Précipiter les décisions et le regretter.
- ☒ Absorption excessive des émotions des autres.

Comment réajuster ? → Prendre le temps d'attendre un cycle lunaire avant toute décision majeure et choisir un environnement sain.

Identifier ses propres schémas de résistance

Nous avons maintenant une grille de lecture pour comprendre si nous sommes alignés ou en résistance. Pour aller plus loin, voici quelques questions d'auto-observation :

- Quelles émotions prédominent dans ma vie actuellement ?
- Ai-je l'impression que les choses avancent avec fluidité ou suis-je en lutte constante ?

- Est-ce que je respecte ma stratégie ou est-ce que je prends des décisions sous pression ?
- Quels ajustements puis-je faire dès aujourd'hui pour me réaligner avec mon design ?

Noter ces réponses chaque semaine permet d'identifier des tendances et d'ajuster son mode de fonctionnement progressivement.

Ce qu'il faut retenir
✔ Votre émotion de signature (Paix, Satisfaction, Succès, Surprise) est le signal que vous êtes aligné.
✔ Votre émotion de résistance (Colère, Frustration, Amertume, Déception) vous indique que vous forcez contre votre énergie naturelle.
✔ Plus vous expérimentez et observez, plus vous développez une compréhension fine de votre propre alignement.

Dans la prochaine section, nous allons voir comment expérimenter tout cela concrètement avec des exercices pratiques d'observation.

Exercices pratiques d'observation et d'intégration

Maintenant que nous avons exploré les stratégies et les signes d'alignement et de résistance, l'étape suivante est de mettre tout cela en pratique. Le Human Design n'est pas une simple connaissance théorique : il s'agit d'un processus expérimental qui demande de l'observation et de l'ajustement progressif.

Dans cette section, nous allons découvrir des exercices concrets pour affiner notre compréhension de notre stratégie et identifier comment elle fonctionne réellement dans notre vie.

Exercice 1 : Observer sa stratégie en action

Pendant une semaine, engagez-vous à observer consciemment comment votre stratégie influence votre quotidien.

Objectif : Identifier si vous suivez votre stratégie naturellement ou si vous tombez dans des schémas conditionnés.

Pour les Manifesteurs : "Informer avant d'agir"
- Notez toutes les décisions ou actions que vous prenez spontanément dans la journée.
- Observez ce qui se passe lorsque vous informez les autres avant d'agir, et ce qui se passe lorsque vous ne le faites pas.
- Y a-t-il moins de résistance lorsque vous informez votre entourage ?
- Comment vous sentez-vous lorsque vous suivez (ou ignorez) votre stratégie ?

Bilan à noter en fin de journée : Sensation de fluidité ou de blocage ? Moins de conflits ou de résistance ?

Pour les Générateurs : "Attendre pour répondre"
- Pendant la journée, prenez conscience de chaque situation où vous avez envie d'initier quelque chose.
- Arrêtez-vous un instant : avez-vous reçu un stimulus extérieur ? (Une question, une opportunité, une invitation ?)
- Prêtez attention à votre réponse sacrale : est-ce un "uh-huh" (oui) ou un "uh-uh" (non) ?
- Voyez ce qui se passe lorsque vous attendez de répondre plutôt que d'initier.

Bilan à noter en fin de journée : Sensation de satisfaction ou de frustration ? Avez-vous suivi votre réponse sacrale ?

Pour les Générateurs Manifesteurs : "Attendre pour répondre" + "Informer avant d'agir"
- Identifiez si vous avez répondu à un stimulus avant d'agir, ou si vous avez initié sans attendre.
- Observez ce qui se passe lorsque vous informez après avoir eu une

réponse sacrale.
- Avez-vous tendance à aller trop vite et oublier des étapes ? Si oui, quels sont les impacts sur votre journée ?

Bilan à noter en fin de journée : Plus de fluidité ou d'impatience ? Sensation de réussite ou de frustration ?

Pour les Projecteurs : "Attendre l'invitation"
- Identifiez les moments où vous donnez spontanément des conseils. Étiez-vous invité(e) à le faire ?
- Notez ce qui se passe lorsque vous attendez une reconnaissance claire avant de partager votre guidance.
- Comment votre énergie fluctue-t-elle selon que vous suivez votre stratégie ou non ?

Bilan à noter en fin de journée : Plus de reconnaissance et de succès ou davantage d'amertume ?

Pour les Réflecteurs : "Attendre un cycle lunaire"
- Notez les grandes décisions auxquelles vous faites face.
- Observez si vous ressentez une pression pour décider rapidement.
- Testez l'approche du temps long : attendez plusieurs jours avant de prendre une décision importante et notez comment votre ressenti évolue.

Bilan à noter en fin de journée : Avez-vous remarqué des changements dans votre perception au fil du temps ?

Exercice 2 : Journal de suivi des signes d'alignement et de résistance

Cet exercice permet d'identifier les émotions dominantes dans votre journée et de voir si elles sont liées à votre alignement ou à votre résistance.

Objectif : Identifier les tendances émotionnelles et ajuster progressivement son comportement.

Tous les soirs, prenez quelques minutes pour répondre aux questions suivantes :
- **Quelle émotion principale ai-je ressenti aujourd'hui ?**

<u>Manifesteur</u> : Paix ou Colère ?
<u>Générateur</u> : Satisfaction ou Frustration ?
<u>GM</u> : Satisfaction/Paix ou Frustration/Colère ?
<u>Projecteur</u> : Succès ou Amertume ?
<u>Réflecteur</u> : Surprise ou Déception ?

- **Quels événements ou interactions ont déclenché cette émotion ?**

- **Ai-je respecté ma stratégie aujourd'hui ?**
  Oui → Quels effets positifs ai-je observés ?
  Non → Quels signes de résistance ai-je rencontrés ?

- **Quelles actions puis-je ajuster demain pour être plus aligné(e) ?**

Exercice 3 : Expérimentation d'une Journée 100% alignée

Objectif : Passer une journée entière en appliquant sa stratégie de manière consciente et intentionnelle.

Consignes :
<u>Le matin</u> : Notez votre intention de suivre votre stratégie.
<u>Pendant la journée</u> : Observez votre prise de décision en temps réel.
<u>En fin de journée</u> : Faites le point sur votre expérience :
- Ai-je suivi ma stratégie à 100 % ?
- Comment je me suis senti(e) ?
- Quels changements ai-je notés ?

Cet exercice vous permet de mesurer directement l'impact de votre design sur votre quotidien et de renforcer votre connexion à votre énergie naturelle.

Ce qu'il faut retenir
✔ L'observation est la clé du changement : Plus vous prêtez attention à votre stratégie, plus vous verrez les effets concrets dans votre vie.
✔ Les émotions de signature et de non-soi sont des indicateurs puissants : Elles vous montrent en temps réel si vous êtes sur la bonne voie ou si vous forcez les choses.
✔ Le Human Design est une expérimentation continue : Il ne s'agit pas d'une règle rigide, mais d'un processus de découverte personnel.

Prêt(e) à expérimenter votre stratégie en pleine conscience ? Essayez ces exercices et observez ce qui se passe !

Nous avons exploré l'essence des stratégies du Human Design et comment les appliquer dans notre quotidien. Comprendre son type est une première étape essentielle, mais c'est en suivant sa stratégie que l'on commence réellement à ressentir les bienfaits de l'alignement énergétique.

Lorsque nous respectons notre stratégie, nous cessons d'être en lutte avec la vie. Nous arrêtons de forcer les choses, nous laissons l'énergie nous guider, et nous découvrons que les opportunités, les relations et les situations qui nous correspondent viennent avec bien plus de fluidité. À l'inverse, ignorer sa stratégie nous amène à vivre des émotions de résistance (colère, frustration, amertume, déception), qui sont des signaux précieux indiquant que nous allons à contre-courant de notre nature.

Les clés à retenir de cette partie :
✔ Votre stratégie est votre boussole pour prendre des décisions alignées et éviter la résistance.
✔ Les émotions de signature et de non-soi sont des indicateurs puissants pour savoir si vous êtes sur la bonne voie.
✔ L'expérimentation est essentielle : il ne suffit pas de comprendre sa stratégie, il faut l'appliquer et observer comment elle transforme votre expérience.

Que faire maintenant ?
- Continuez à observer votre stratégie en action : notez les moments où elle vous apporte fluidité et les moments où vous la contournez.
- Pratiquez l'auto-observation avec les exercices proposés : c'est dans la pratique que vous verrez des changements concrets.
- Acceptez le processus : vivre son Human Design est un chemin d'intégration, pas une case à cocher. Chaque ajustement vous rapproche d'une vie plus alignée et plus fluide.

Prochaine étape : L'autorité intérieure – L'art de la décision alignée

Si la stratégie est notre boussole externe, l'autorité intérieure est notre GPS interne. Elle est notre guide ultime pour prendre des décisions justes, en fonction de notre propre mécanisme énergétique.

Dans la prochaine partie, nous explorerons :
- Les différentes formes d'autorités intérieures et leur rôle dans la prise de décision.
- Comment écouter et affiner son autorité pour naviguer la vie avec plus de clarté.
- Des exemples concrets et des exercices pratiques pour incarner pleinement sa prise de décision alignée.

Votre stratégie vous montre le chemin, votre autorité vous dit quand et comment avancer.
Prêt(e) à découvrir comment prendre des décisions en accord avec votre nature profonde ?

CHAPITRE 3

LES AUTORITÉS INTÉRIEURES
L'ART DE LA DÉCISION ALIGNÉE

Si la stratégie est notre boussole, l'autorité intérieure est notre GPS interne.

Dans le Human Design, nous avons tous une manière unique de prendre des décisions alignées, basée non pas sur le mental, mais sur une forme d'intelligence corporelle et énergétique propre à chacun. L'autorité intérieure est notre guide personnel, celui qui nous permet de choisir avec justesse, en respectant notre énergie et en évitant les résistances inutiles.

Dans notre société, nous avons appris à prendre des décisions avec notre mental, en pesant le pour et le contre, en cherchant la logique ou en écoutant les opinions extérieures. Mais en Human Design, le mental n'est pas conçu pour décider. Il est influencé par le conditionnement, les peurs et les croyances limitantes.

Suivre son autorité intérieure, c'est redonner à son corps et à son énergie le pouvoir de choisir avec clarté.

Pourquoi l'Autorité Intérieure est-elle essentielle ?
- Elle nous permet de faire des choix en accord avec notre nature profonde.
- Elle nous aide à éviter les décisions prises sous pression ou par peur.
- Elle nous connecte à un processus organique et fluide, loin du stress mental.
- Elle renforce la confiance en soi, en nous apprenant à écouter notre propre rythme.

Lorsque nous respectons notre autorité intérieure, les décisions se prennent avec évidence et naturel. À l'inverse, lorsque nous l'ignorons, nous ressentons doute, confusion, stress ou regret.

Ce que nous allons explorer dans cette partie
- Les différentes formes d'autorités et comment les reconnaître
- Comment écouter et affiner son autorité intérieure au quotidien
- Des exemples concrets et études de cas pour incarner cette prise de décision alignée

Votre corps sait déjà ce qui est juste pour vous. Il est temps d'apprendre à l'écouter.

L'autorité intérieure L'art de prendre des décisions alignées

Pourquoi connaître son Autorité est essentiel ?

Comprendre son autorité intérieure est une étape fondamentale pour vivre aligné avec son Human Design. Associée à votre type énergétique, elle forme avec la stratégie ce que l'on appelle le mécanisme de prise de décision naturelle, qui est au cœur du Design Humain.

Dans notre société, nous avons été conditionnés à prendre des décisions avec le mental, à suivre la logique, à analyser les avantages et les inconvénients, ou encore à écouter les conseils extérieurs. Mais en Human Design, le mental n'est pas conçu pour décider. Il est un outil d'analyse et d'observation, mais il ne sait pas ce qui est juste pour nous.

Notre autorité intérieure, en revanche, est notre guide ultime. C'est une forme d'intelligence corporelle ou énergétique qui nous indique intuitivement ce qui est aligné et ce qui ne l'est pas. Écouter son autorité, c'est apprendre à naviguer la vie avec fluidité et confiance.

- Elle nous permet de faire des choix en accord avec notre essence profonde.
- Elle nous éloigne des décisions influencées par la peur ou la pression extérieure.
- Elle renforce notre intuition et notre capacité à nous faire confiance.

Lorsque nous respectons notre autorité intérieure, nos décisions se prennent naturellement, sans stress ni doute excessif. À l'inverse, lorsque nous l'ignorons, nous pouvons ressentir frustration, colère, amertume ou déception, signes que nous avons suivi une direction qui ne nous correspond pas.

Autorité intérieure vs Autorité extérieure

L'AUTORITÉ INTÉRIEURE : Notre boussole décisionnelle

L'Autorité Intérieure est notre guide personnel pour faire des choix alignés. Elle est toujours corporelle et énergétique, et varie selon les centres définis dans notre bodygraph. Elle ne passe pas par le mental, mais par un ressenti profond qui nous indique si une décision est juste ou non.

L'AUTORITÉ EXTÉRIEURE : L'impact de notre voix et de notre réflexion sur les autres

Contrairement à l'autorité intérieure, qui nous guide personnellement, l'autorité extérieure est liée à la manière dont nous partageons notre perception et nos idées avec le monde.

Elle ne nous aide pas à prendre nos propres décisions, mais elle nous permet d'apporter de la clarté aux autres à travers notre point de vue. Un Projecteur ou un Réflecteur, par exemple, joue un rôle de guide pour son entourage à travers sa vision unique du monde.

Lorsque nous nous exprimons depuis un espace aligné, nous devenons une ressource précieuse pour autrui.

Hiérarchie des autorités intérieures : Comment déterminer la vôtre ?

Le Human Design suit une hiérarchie précise pour définir l'Autorité Intérieure en fonction des centres définis dans le bodygraph. Voici l'ordre d'importance des centres dans le processus décisionnel :

- ✔ **Si le Plexus Solaire est défini**, il est toujours l'autorité intérieure. Cela signifie que l'émotion doit être prise en compte dans la décision.
- ✔ **Si le Plexus Solaire n'est pas défini,** alors le Sacral est l'Autorité.

Le corps répond à travers une réponse instinctive "uh-huh" (oui) ou "uh-uh" (non).

✔ **Si le Sacral n'est pas défini, l'Autorité devient Splénique.**
Les décisions se prennent sur un ressenti spontané, souvent dans l'instant.

✔ **Si le Splénique n'est pas défini, alors l'Autorité passe à l'Ego.**
Il s'agit d'une autorité basée sur la volonté et l'engagement personnel.

✔ **Si l'Ego n'est pas défini, l'Autorité passe au Centre G.**
Les décisions se basent sur la direction et l'environnement correct.

✔ **Si aucun de ces centres n'est défini, alors la personne n'a pas d'Autorité Intérieure.**
C'est le cas des Réflecteurs, qui doivent attendre un cycle lunaire avant de prendre une décision.

⚠ Les centres de la Tête, de l'Ajna et de la Gorge ne sont jamais une autorité intérieure. Ils sont des outils de réflexion et d'expression, mais ne doivent pas être utilisés pour la prise de décision.

Les différentes autorités intérieures et Comment les reconnaitre

Maintenant que nous avons établi la hiérarchie des autorités, nous allons explorer en détail les différents types d'autorités, leur fonctionnement et comment les écouter avec justesse.

Voici les principales autorités que nous allons détailler :
- Autorité Émotionnelle (Plexus Solaire) → Attendre la clarté émotionnelle avant de décider.
- Autorité Sacrale (Générateurs et MG) → Écouter la réponse du corps dans l'instant.
- Autorité Splénique → Suivre l'intuition spontanée et subtile.
- Autorité Egoïque (Volonté) → Se demander : "Ai-je vraiment envie de m'engager ? »
- Autorité du Soi (G - Centre d'Identité) → Se laisser guider par la direction intérieure.

- Autorité Lunaire (Réflecteurs) → Attendre un cycle lunaire complet avant de trancher.

Votre autorité est votre GPS intérieur. Lorsque vous l'écoutez, tout devient plus clair et fluide.

Votre Stratégie vous montre le chemin, votre Autorité vous dit quand et comment avancer.

Maintenant que nous avons posé les bases des Autorités Intérieures, nous allons explorer chaque type d'autorité en détail pour comprendre :

✔ Comment elles fonctionnent concrètement.
✔ Comment les reconnaître et les écouter avec précision.
✔ Des conseils pratiques et des exemples concrets pour expérimenter leur puissance dans le quotidien.

Prêt(e) à découvrir comment prendre des décisions alignées avec votre véritable nature ?

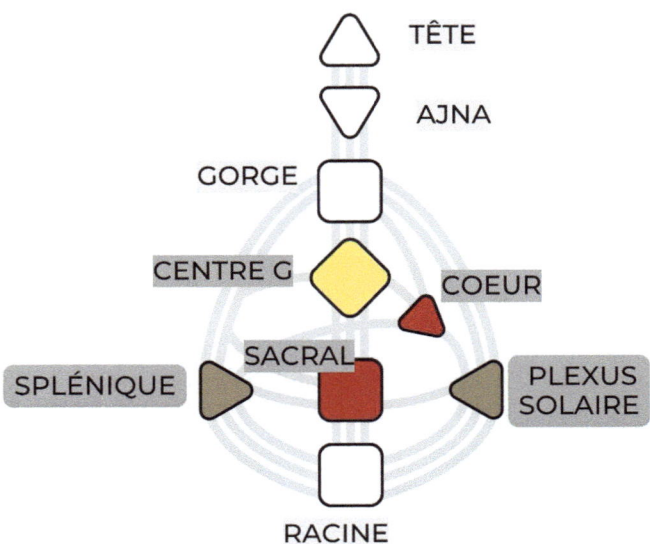

L'autorité émotionnelle

L'autorité émotionnelle, ou l'importance d'attendre avant de décider

L'Autorité Émotionnelle (Plexus Solaire) est la plus courante dans le Human Design. Elle concerne environ 50% de la population et est toujours prioritaire lorsqu'elle est définie dans un bodygraph.

Pourquoi ? Car l'énergie du Plexus Solaire est instable par nature. Les personnes avec cette autorité ne sont jamais "dans le moment" pour prendre des décisions importantes, car leur perception du monde fluctue au gré de leurs vagues émotionnelles.

Leur vérité n'est jamais immédiate. Elle se révèle avec le temps.

Contrairement à d'autres types d'autorités qui prennent des décisions sur l'instant, une personne avec une autorité émotionnelle doit apprendre à être PATIENTE et ATTENDRE la clarté émotionnelle avant de trancher.

La mécanique de l'autorité émotionnelle : Un processus de clarification

Les individus dotés de cette autorité vivent en permanence des cycles émotionnels qui influencent leur manière de percevoir la réalité. Ils oscillent entre des pics de joie et des creux de tristesse, entre espoir et déception, entre excitation et lassitude.

Le plus grand piège de l'autorité émotionnelle est de prendre une décision lorsqu'on est en haut ou en bas de la vague.

Dans l'euphorie : La décision semble être la meilleure du monde, mais une fois la vague redescendue, elle ne fait plus sens.
Dans la mélancolie : On pense que tout est foutu et on prend des décisions basées sur la peur ou la résignation.
La clé est d'ATTENDRE que la vague émotionnelle s'équilibre pour voir avec CLARTÉ.

Il n'y a pas de vérité dans l'instant. La clarté vient AVEC LE TEMPS.

Comment reconnaître la clarté émotionnelle ?

Après avoir traversé différentes phases émotionnelles, un individu avec une autorité émotionnelle se réveille un jour en ressentant une forme de paix intérieure, une certitude neutre et évidente.

Ce n'est pas une excitation, ni une angoisse. C'est une clarté qui s'impose d'elle-même, comme une évidence tranquille.

Si vous ressentez encore de l'hésitation ou une pointe d'émotion forte, c'est que la vague n'a pas encore atteint sa stabilité. Continuez d'attendre.

La vague émotionnelle : Trois types de fluctuations

Toutes les vagues émotionnelles prennent naissance dans le Plexus Solaire, qui est à la fois un centre moteur et un centre de conscience. Contrairement aux autres centres moteurs (comme le Sacral), le Plexus Solaire n'a pas d'accès direct à une prise de décision immédiate. Il nécessite du temps, de l'expérience et du recul pour atteindre une clarté émotionnelle.

Le canal 6-59 (Canal de l'Intimité) entre le Plexus Solaire et le Sacral est le point d'origine de toutes les vagues émotionnelles.
Ce canal est la clé des relations humaines et de la création (qu'elle soit physique ou métaphorique). Il pousse à rechercher des connexions qui stimulent la créativité et l'évolution.
<u>Mécanisme</u> : C'est une vague plus douce et plus linéaire que les autres. Elle est principalement liée aux relations humaines et à la connexion intime.
<u>Cycle émotionnel</u> : Elle fonctionne par accumulation progressive d'émotion à travers les interactions. Elle monte lentement, atteint un plateau de stabilité, puis redescend doucement.

<u>Thématiques principales</u>
✔ Le besoin de connexion émotionnelle profonde.

✔ Une approche plus progressive et stable des relations que la vague tribale.
✔ Une attirance pour les expériences partagées, qui nourrissent l'évolution individuelle et collective.

<u>Conseil</u> : Si tu ressens une stagnation dans une relation, cela ne signifie pas que quelque chose ne va pas. Certaines vagues émotionnelles ont un rythme plus doux.

L'ensemble des vagues émotionnelles sont des réponses à des dynamiques relationnelles, à des besoins internes, ou à des quêtes personnelles.

Dans le Design Humain, les personnes avec une Autorité Émotionnelle ne vivent pas toutes la même expérience émotionnelle. Il existe plusieurs types de vagues, chacune ayant un rythme et une intensité différente.

Chaque vague fonctionne comme un filtre émotionnel : elle colore la perception du moment présent et influence la manière dont une personne vit ses interactions et prend ses décisions.

Ra Uru Hu enseignait qu'il existe trois grandes mécaniques émotionnelles, en fonction des circuits définis dans le Plexus Solaire. Chaque vague émotionnelle influence différemment la perception et la prise de décision.

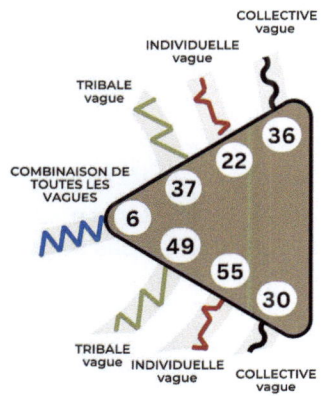

La vague Tribale (« BESOIN")
<u>Canaux associés :</u>
49-19 (Plexus Solaire – Racine) : Canal de la Synthèse
37-40 (Plexus Solaire – Cœur) : Canal de la Communauté
<u>Mécanisme</u> : Cette vague émotionnelle est réactive. Elle ne fluctue pas constamment, mais répond à des déclencheurs extérieurs liés aux relations, à la famille, à la protection et à la survie.
<u>Cycle émotionnel :</u> Elle fonctionne comme un système de relâchement progressif : un élément déclencheur (un besoin insatisfait, une attente non comblée) accumule une tension jusqu'à atteindre un point de rupture, où l'émotion est libérée sous forme d'une explosion ou d'un besoin de confrontation.

<u>Thématiques principales</u>
✔ La sécurité matérielle et émotionnelle dans un groupe ou une famille.
✔ La nécessité de poser des limites claires pour éviter d'être submergé.
✔ Un fort besoin de contact physique pour libérer la tension émotionnelle.

⚠️ Ce type de vague peut se manifester par des disputes soudaines suivies d'un besoin de réconciliation.
<u>Conseil</u> : Si tu ressens un besoin de conflit, demande-toi si ce n'est pas simplement une manière inconsciente d'obtenir une connexion physique ou émotionnelle.

La vague Individuelle ("INCERTITUDE")
<u>Canaux associés :</u>
55-39 (Plexus Solaire – Racine) : Canal de l'Émotion
22-12 (Plexus Solaire – Gorge) : Canal de l'Ouverture
<u>Mécanisme</u> : Cette vague est imprévisible et intense. Contrairement à la vague tribale, elle ne fonctionne pas sur un déclencheur externe, mais sur un flux interne d'humeur qui change spontanément.
<u>Cycle émotionnel</u> : Elle fluctue entre des hauts très élevés (passion, exaltation, euphorie) et des bas profonds (mélancolie, solitude, introspection).

<u>Thématiques principales</u>
✔ L'expérience émotionnelle brute et non contrôlée.
✔ Le besoin d'isolement à certains moments pour mieux vivre ses

émotions.
✔ Un lien puissant avec l'art, la créativité et la musique, qui peuvent amplifier ou apaiser la vague.

⚠ Erreur courante : Prendre une décision sur un coup de passion ou de déprime. La clarté ne vient jamais dans l'extrême de l'émotion.

Conseil : Si tu ressens un bas émotionnel, ne cherche pas à le "réparer". Accorde-toi du temps et de l'espace, car cette vague suit son propre rythme.

La vague Collective ("DÉSIR")
Canaux associés :
30-41 (Plexus Solaire – Racine) : Canal de la Reconnaissance
36-35 (Plexus Solaire – Gorge) : Canal de la Transitivité

Mécanisme : Cette vague fonctionne sur un cycle d'expériences. Elle est motivée par l'envie de vivre quelque chose de nouveau, mais aussi par une attente émotionnelle sur le déroulement de cette expérience.
Cycle émotionnel : La vague monte lorsqu'une expérience démarre, puis redescend si l'expérience ne répond pas aux attentes initiales.

Thématiques principales
✔ Un besoin d'aventure et de découverte constant.
✔ L'importance d'entrer dans une expérience sans attentes trop rigides, car l'attachement à un résultat peut créer une forte déception.
✔ Une vision optimiste et idéaliste, qui peut parfois être en décalage avec la réalité.

⚠ Erreur courante : Croire qu'une nouvelle expérience apportera forcément une émotion positive. L'émotion doit être vécue pleinement, sans attachement au résultat.

Conseil : Si tu ressens un crash émotionnel après une expérience, demande-toi si ce n'est pas une attente non satisfaite qui crée cette déception.

Chaque vague émotionnelle est unique et personnelle. Comprendre la mécanique de sa propre vague permet d'anticiper ses fluctuations et d'éviter les décisions impulsives.
✔ Identifier son type de vague permet de mieux gérer ses émotions

et ses attentes.
✔ Ne pas prendre de décisions dans un pic ou un creux.
✔ La clarté vient avec le temps, jamais dans l'instant.

Votre vague émotionnelle est un flux naturel. Apprenez à la suivre, et elle vous guidera avec sagesse.

Application de l'autorité émotionnelle au quotidien

Dans le Business & Carrière
- Attendre la stabilisation émotionnelle avant de prendre une décision professionnelle.
- Éviter les engagements pris sous l'euphorie : Si un projet vous semble "génial" sur le moment, attendez quelques jours et observez si vous ressentez toujours cet enthousiasme.
- En management, comprendre que certaines personnes ont besoin de temps pour répondre. Ne pas forcer des décisions immédiates.

Dans les Relations
- Ne pas prendre de décisions sous le coup de l'émotion (ruptures, disputes, engagements).
- Accorder de l'espace à l'autre et ne pas attendre de réponses immédiates.
- Communiquer ses besoins émotionnels et expliquer qu'on a besoin de temps pour décider.

Dans le Développement Personnel
- Apprendre à observer ses vagues émotionnelles sans s'y attacher.
- Cultiver la patience : Comprendre que la vraie clarté ne vient qu'avec le temps.
- Prendre des notes sur son ressenti au fil des jours pour voir comment une décision évolue avec le temps.

Mantras pour intégrer l'autorité émotionnelle

"Je navigue avec grâce à travers mes vagues émotionnelles, sachant que la clarté vient avec le temps."

"Je n'ai pas besoin de précipiter mes décisions. La certitude émergera naturellement."

"Je me donne le droit d'attendre et d'explorer toutes les nuances avant de trancher."

Ce qu'il faut retenir
✔ Si votre Plexus Solaire est défini, il est TOUJOURS votre autorité intérieure.
✔ Ne prenez pas de décisions dans l'instant. Attendez la clarté.
✔ Votre vérité n'est pas immédiate, elle se construit avec le temps et l'observation.
✔ Acceptez votre vague émotionnelle : elle fait partie de votre manière unique de percevoir la vie.
✔ La patience est votre meilleur allié.

Votre pouvoir décisionnel repose sur votre capacité à attendre et à embrasser la fluidité de votre émotionnel.

L'autorité sacrale

L'autorité sacrale, une connexion immédiate à la vérité intérieure

L'autorité sacrale est exclusive aux Générateurs et Générateurs-Manifesteurs. C'est l'une des formes de prise de décision les plus directes et instinctives, basée sur une réponse immédiate du corps.

Contrairement à l'autorité émotionnelle, qui demande de la patience et du temps pour accéder à la clarté, l'autorité sacrale fonctionne dans l'instant. C'est un feu vert ou un feu rouge qui se manifeste sous forme de sensations corporelles et de sons instinctifs.

Si vous avez une autorité sacrale, vous n'êtes pas fait(e) pour prendre des décisions avec votre mental.
C'est votre corps qui sait ce qui est juste pour vous, et votre rôle est d'apprendre à écouter ses signaux sans chercher à les rationaliser.

Le fonctionnement du centre sacral : La réponse du corps

Le Centre Sacral est le plus puissant moteur énergétique du Human Design. Il est directement lié à la vitalité, à la créativité et à la capacité de persévérer dans des projets qui nous passionnent.

Il fonctionne sur un principe binaire simple :
- ☑ "Uh-huh" (OUI) → Une traction vers l'avant, un sentiment d'expansion, un regain d'énergie.
- ☒ "Uh-uh" (NON) → Une lourdeur, un retrait, une sensation de résistance ou de fermeture.

C'est une réponse instinctive, corporelle et immédiate. Elle ne passe pas par la réflexion, mais par une réaction viscérale.
<u>Le piège à éviter ?</u> Essayer de justifier ou d'analyser la réponse sacrale avec le mental.

Caractéristiques clés du centre sacral et son autorité

- **Le Sacral est conçu pour répondre à des stimuli externes.**
Il ne prend pas d'initiatives comme un Manifesteur, mais il réagit à ce qui lui est présenté.
- **La réponse sacrale est immédiate.**
Si la réponse n'est pas claire, c'est généralement un "pas encore", et non une invitation à réfléchir.
- **Les décisions doivent être posées sous forme de questions fermées** ("oui" ou « non").

<u>Exemples</u> :
☑ "Ai-je envie d'aller à cet événement ?"

- ☑ "Est-ce que je veux travailler sur ce projet aujourd'hui ?"
- ☒ "Que devrais-je faire de ma vie ?" (Le mental interférera et bloquera la réponse sacrale.)

Si une question est trop abstraite, reformulez-la sous une forme simple et concrète.

Développer son écoute sacrale : Revenir à l'instinct naturel

Les enfants, avant d'être conditionnés par la société, suivent naturellement leur sacral. Ils réagissent spontanément à ce qu'ils aiment ou non, sans essayer de le justifier.

Avec le temps, nous avons appris à ignorer cette intelligence corporelle et à nous fier aux attentes extérieures. Se reconnecter à son sacral, c'est réapprendre à écouter son propre langage corporel.

Comment réactiver cette réponse innée ?
✔ Poser des questions simples, dont la réponse est évidente, pour ressentir le "oui" et le "non".
✔ Pratiquer avec un partenaire qui pose des questions directes et observe vos réactions.
✔ Prêter attention aux sensations du ventre, des muscles et de la respiration en réponse à une question.

Stratégie associée : "Attendre Pour Répondre"

L'Autorité Sacrale est intimement liée à la stratégie du Générateur : "Attendre pour Répondre".

Contrairement aux Manifesteurs, qui peuvent initier librement, les Générateurs et Générateurs-Manifesteurs doivent attendre une sollicitation extérieure pour activer leur Sacral. L'action spontanée sans stimulation externe peut mener à de la frustration et du blocage.

La clé est d'attendre qu'une opportunité, une question ou une invitation stimule une réponse sacrale.

<u>Exemple 1</u> : Un Générateur qui cherche un emploi ne devrait pas postuler partout par peur du manque, mais attendre une offre qui éveille une réponse sacrale positive.

Exemple 2 : Un Générateur-Manifesteur qui veut créer un projet devrait d'abord ressentir une traction naturelle vers une idée avant de se lancer.

Lien avec le centre splénique : Une réaction encore plus instinctive

Lorsque le Centre Sacral est directement connecté au Splénique (canaux 34-57 ou 27-50), la réponse sacrale devient encore plus instinctive.

34-57 (Puissance Intuitive) : Une prise de décision immédiate avec un fort instinct de survie.
27-50 (Conservation) : Un engagement naturel pour ce qui nourrit et protège.
Dans ces cas-là, la réponse sacrale est renforcée par une intuition subtile, ce qui permet une prise de décision ultra-rapide.

Éviter les pièges : Distinguer la peur de la véritable réponse sacrale

Il est crucial de ne pas confondre la peur du changement avec un vrai "non" sacral.
Une réaction mentale ("Je devrais dire non par sécurité") n'est pas un non sacral.
Un "uh-uh" profond et ressenti dans le corps est un vrai non sacral.
Si un doute persiste, il vaut mieux attendre et poser la question plus tard.

Influence des canaux sacraux sur la réponse et la prise de décision

Certains canaux poussent à l'innovation, la mutation, et l'individualité. Une personne avec ces canaux suit son Sacral non pas

pour plaire aux autres, mais pour évoluer et exprimer son unicité.
34-57 (Puissance Intuitive – Sacral → Splénique)
3-60 (Mutation – Sacral → Racine)
10-34 (Exploration – Sacral → G)
57-34 (Survie Intuitive – Splénique → Sacral)
<u>Impact sur l'autorité sacrale</u> :
✔ Réponses sacrales très spontanées et instinctives, souvent accompagnées d'un ressenti viscéral puissant.
✔ La réponse peut être fortement influencée par un besoin de transformation ou de rupture avec le passé.
✔ Tendance à prendre des décisions radicales ou imprévisibles en réponse à une stimulation extérieure.
<u>À observer</u> : Est-ce que la réponse sacrale pousse vers une action qui semble alignée avec une évolution personnelle, ou s'agit-il d'une impulsion incontrôlée ?

D'autres sont profondément connectés aux dynamiques de groupe, à la famille et à la protection des ressources. Les décisions sacrales seront influencées par un besoin de sécurité, d'appartenance et de soutien mutuel.
50-27 (Préservation – Sacral → Splénique)
59-6 (Intimité – Sacral → Plexus Solaire)
19-49 (Synthèse – Racine → Sacral)
<u>Impact sur l'autorité sacrale</u> :
✔ Réponses sacrales qui prennent souvent en compte l'impact sur la famille ou la communauté proche.
✔ Une décision peut être ressentie comme juste uniquement si elle bénéficie à la tribu.
✔ La peur de perdre un lien peut interférer avec la clarté sacrale, rendant difficile un "non".
<u>À observer</u> : Est-ce que la réponse sacrale est influencée par une peur de l'abandon ou un attachement aux autres, ou est-elle vraiment un oui profond ?

D'autres canaux sont orientés vers l'apprentissage, l'évolution collective et la transmission de connaissances. Les réponses sacrales seront influencées par un besoin d'explorer et de contribuer au monde à travers l'expérience.
5-15 (Rythme – Sacral → G)
29-46 (Découverte – Sacral → G)

42-53 (Maturation – Racine → Sacral)
9-52 (Concentration – Sacral → Racine)

<u>Impact sur l'autorité sacrale :</u>
✔ Réponses sacrales alignées sur un besoin d'expérimenter et d'explorer de nouvelles opportunités.
✔ Le "oui" peut être motivé par un désir d'apprentissage ou d'évolution plutôt qu'un besoin immédiat.
✔ Tendance à vouloir s'engager dans des cycles d'expérience qui doivent être complétés.

<u>À observer</u> : Est-ce que la réponse sacrale est un vrai "oui" basé sur l'enthousiasme, ou un faux "oui" basé sur un désir d'exploration sans clarté énergétique ?

L'autorité sacrale est toujours une réponse instinctive et immédiate, mais les canaux connectés au Sacral influencent la manière dont cette réponse se manifeste et pourquoi elle est ressentie.

Observer ses propres canaux aide à comprendre pourquoi certaines décisions semblent plus claires et naturelles que d'autres.

Votre Sacral sait, mais le "pourquoi" derrière la réponse peut être influencé par votre design global.

Application pratique de l'autorité sacrale

Dans le Business & Carrière

- Choisir des projets en fonction de la réponse sacrale.
- Accepter uniquement les engagements qui procurent un "uh-huh" clair.
- Faire confiance à l'instinct et ne pas se forcer dans une activité qui ne génère pas d'enthousiasme.

Dans les Relations

- Observer les réactions corporelles face aux nouvelles rencontres.
- Ne pas se forcer à rester dans une dynamique où le Sacral dit « non".
- Suivre son ressenti immédiat sans sur-analyser les interactions.

Dans la Vie quotidienne
- Prendre des décisions en fonction de l'énergie disponible dans le moment.
- Faire confiance aux signaux du corps pour éviter l'épuisement.
- Expérimenter avec des questions simples pour renforcer la connexion à son Sacral.

Mantras pour intégrer l'autorité sacrale

"Je fais confiance à mon corps pour me guider vers ce qui est juste pour moi. »

"Je n'ai pas besoin de tout comprendre mentalement, mon Sacral sait. »

"Je réponds aux opportunités qui m'allument et j'ignore celles qui m'épuisent."

Ce qu'il faut retenir
✔ L'Autorité Sacrale donne une réponse immédiate sous forme de "oui" ou "non".
✔ Elle fonctionne uniquement lorsqu'elle est stimulée par un élément extérieur.
✔ Évitez d'intellectualiser la réponse sacrale : elle est instinctive et corporelle.
✔ Faites des tests au quotidien pour renforcer la connexion avec votre Sacral.

Votre corps sait déjà ce qui est juste pour vous. Faites-lui confiance.

L'autorité splénique

L'autorité splénique, une sagesse instinctive et immédiate

L'autorité splénique est une forme de prise de décision intuitive, basée sur des signaux subtils et instantanés. Elle concerne uniquement les Projecteurs et les Manifesteurs, car elle ne peut exister qu'en l'absence de définition du Sacral et du Plexus Solaire.

Contrairement aux autres autorités qui nécessitent de la patience (Plexus Solaire) ou une stimulation extérieure (Sacral), l'Autorité Splénique fonctionne dans l'instant présent. C'est une intelligence corporelle et instinctive qui ne se répète pas : l'intuition vient une seule fois, sous forme d'un ressenti, d'un frisson, d'un murmure intérieur ou d'un signal physique subtil.

Si vous avez une Autorité Splénique, votre vérité est immédiate. Elle ne nécessite pas d'analyse ni de réflexion prolongée.

Fonctionnement du centre splénique et son influence sur la prise de décision

Le centre splénique est le plus ancien en termes évolutifs. Il est directement lié à l'instinct de survie, à la conscience corporelle et aux mécanismes de protection. Son rôle est de vous maintenir en sécurité, en vous indiquant ce qui est bénéfique ou dangereux.

Contrairement au sacral, qui fonctionne avec des sons gutturaux et une énergie motrice, le splénique est plus subtil : il agit par impulsions instantanées, souvent perçues comme des signaux sensoriels ou des pressentiments.

L'Autorité Splénique vous parle à travers :
- Une sensation de légèreté ou d'aisance face à une situation alignée.

- Un ressenti de malaise ou de tension face à quelque chose de risqué ou non bénéfique.
- Un frisson, une odeur, une réaction corporelle qui vous indique une direction.

Son message est bref et ne se répète pas. Si vous l'ignorez, il ne reviendra pas !

Comment reconnaître et faire confiance à son autorité splénique ?

La société valorise la réflexion, la logique et l'analyse. Cela peut rendre difficile l'écoute de l'autorité splénique, qui fonctionne hors du mental. Beaucoup de personnes avec cette autorité ont appris à ignorer leur instinct et à justifier leurs décisions avec des arguments rationnels.

Exemple : Vous entrez dans une pièce et ressentez immédiatement un malaise. Votre splénique vous dit de partir, mais votre mental intervient :
- "Mais je viens d'arriver, je vais paraître impoli.e si je m'en vais tout de suite. »
- "Ce n'est sûrement rien, je dois me détendre. »
- "Je n'ai aucune raison logique de ne pas rester."

Résultat ? Vous ignorez votre autorité et vous vous retrouvez dans une situation inconfortable ou énergétiquement lourde.

La clé est d'apprendre à reconnaître et suivre ces signaux subtils, sans chercher à les rationaliser.

Stratégie associée : "Suivre l'instinct immédiat"
Les personnes avec une autorité splénique ne doivent pas attendre ni analyser. Leur corps sait immédiatement ce qui est bon pour elles.
- Faites confiance à votre premier ressenti.
- Ne cherchez pas à expliquer pourquoi vous ressentez cela.
- Ne laissez pas le mental vous faire douter.

Exemple d'application :
☑ Une personne avec une autorité splénique rencontre quelqu'un et ressent immédiatement une sensation de sécurité et de fluidité. C'est un bon signe.
☒ Une autre fois, elle sent une tension ou une contraction en présence d'une personne, même si cette dernière semble gentille en apparence. Son instinct lui dit de rester sur ses gardes.
Écouter ces signaux permet d'éviter les mauvaises décisions et de suivre le bon chemin.

Distinguer l'autorité splénique de la peur ou de l'excitation

Les personnes avec une autorité splénique doivent faire attention à ne pas confondre leur intuition avec des réactions émotionnelles ou mentales.

⚠ L'Autorité Splénique N'EST PAS :
- Une peur irrationnelle basée sur des croyances limitantes.
- Une excitation mentale qui pousse à agir sur un coup de tête
- Un raisonnement logique qui analyse les pour et les contre.

Elle EST une sensation instinctive immédiate, qui vient et repart en un éclair.
Conseil : Si vous ressentez le besoin de "réfléchir" avant de décider, c'est que vous êtes déjà sorti.e de votre autorité.

Les canaux connectés au splénique et leur influence sur l'intuition

Les canaux reliant le splénique aux autres centres modifient la façon dont une personne vit et exprime son intuition instantanée.
"L'Intuition pour Soi"
34-57 (Puissance Intuitive – Sacral → Splénique)
57-20 (Clarté Instantanée – Splénique → Gorge)
Impact : Ces personnes ressentent une intuition très personnelle, souvent silencieuse, qui les pousse à agir immédiatement. Elles

doivent écouter leur voix intérieure sans chercher de validation externe.

"L'Intuition pour la protection du groupe"
50-27 (Conservation – Sacral → Splénique)
54-32 (Transformation – Racine → Splénique)
Impact : Ces personnes ressentent leur intuition surtout dans un cadre relationnel. Leur instinct est souvent dirigé vers la protection des autres et la gestion des ressources.

"L'Intuition pour l'expérience"
48-16 (Talent – Splénique → Gorge)
Impact : Ces personnes développent une intuition liée à l'apprentissage et au perfectionnement. Leur instinct leur indique immédiatement s'ils ont la compétence nécessaire pour quelque chose.

Application pratique de l'autorité splénique

Dans le Business & Carrière
- Suivre les opportunités qui provoquent un ressenti positif immédiat.
- Refuser les engagements qui suscitent une tension instinctive.
- Ne pas chercher de justification mentale pour expliquer une décision intuitive.

Dans les Relations
- Se fier à la première impression intuitive d'une personne.
- Quitter les situations qui provoquent un malaise instinctif.
- Ne pas se forcer à rester dans une dynamique inconfortable.

Dans la Vie quotidienne
- Faire confiance aux impulsions du moment pour choisir quoi faire.

- Tester l'intuition en prenant des petites décisions spontanées.
- Ne pas hésiter à changer d'avis si l'instinct initial n'est plus là

Mantras pour intégrer l'autorité splénique

"Je fais confiance à mon instinct, il sait ce qui est bon pour moi."

"Je n'ai pas besoin de justifier mes décisions, mon corps me guide."

"Je suis toujours en sécurité lorsque je suis mon intuition."

Ce qu'il faut retenir
✔ L'Autorité Splénique est une intuition instantanée qui ne se répète pas.
✔ Elle fonctionne dans l'instant et ne demande ni réflexion ni validation extérieure.
✔ Les décisions doivent être prises sur le premier ressenti, sans chercher à comprendre "pourquoi".
✔ Écouter son instinct permet d'éviter les dangers et de suivre son chemin avec fluidité.
Votre corps sait toujours avant votre mental. Faites-lui confiance.

L'autorité du cœur (Ego)

L'autorité du cœur, une puissance de détermination et d'engagement

L'autorité du cœur (ou Ego) est l'une des formes les plus rares d'autorité intérieure, ne concernant que certains Manifesteurs et Projecteurs. Son essence repose sur la force de volonté pure, la capacité à s'engager uniquement dans ce que l'on désire vraiment, et à suivre la voix du cœur sans compromis.

Contrairement aux autres autorités qui reposent sur des réponses corporelles spontanées (Sacral), des vagues émotionnelles (Plexus Solaire) ou des intuitions subtiles (Splénique), l'Autorité du Cœur est brute et directe :
☑ Si je veux, je fais.
☒ Si mon cœur n'y est pas, je refuse.

Si vous avez une autorité du cœur, votre vérité réside dans votre capacité à suivre vos désirs sincères, sans chercher à les justifier ou à les modérer pour plaire aux autres.

Fonctionnement du centre du cœur et son influence sur la prise de décision

Le centre du cœur (ou Ego) est un centre moteur qui régit la volonté, la motivation, l'estime de soi et l'engagement. Son énergie est cyclique : il alterne entre périodes d'action intense et périodes de repos total. Forcer une action lorsque l'énergie du Cœur n'est pas présente mène à l'épuisement et au désalignement.

Les décisions de l'autorité du cœur doivent être prises en respectant cette dynamique :
- ☑ Agir quand l'énergie et l'envie sont là.
- ☒ Se reposer quand la motivation disparaît.

Les personnes avec cette autorité doivent apprendre à dire "non" sans culpabilité lorsque leur cœur ne veut pas s'engager.

Manifestée ou Projetée ? Deux expressions de l'autorité du cœur

Il existe deux formes d'autorité du cœur, selon la connexion entre le centre du cœur et les autres centres définis :

L'autorité du cœur manifestée (Manifesteurs) – Exprimer sa volonté par la voix

Le centre du cœur est directement connecté à la Gorge, sans autre centre défini.

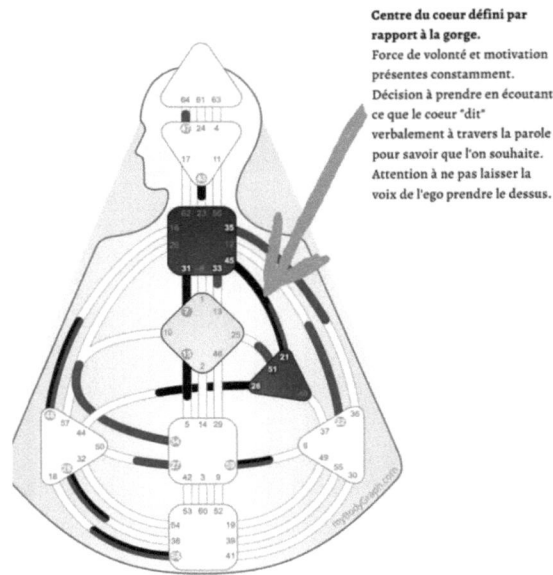

Centre du cœur défini par rapport à la gorge.
Force de volonté et motivation présentes constamment. Décision à prendre en écoutant ce que le cœur "dit" verbalement à travers la parole pour savoir que l'on souhaite. Attention à ne pas laisser la voix de l'ego prendre le dessus.

✔ La vérité s'exprime à travers les mots spontanés. La personne doit dire à haute voix ce qu'elle veut, sans filtrer, pour entendre sa propre vérité.
✔ L'action suit immédiatement l'expression du désir.

Exemple : Si une personne avec cette autorité se surprend à dire "Je veux faire ça !", alors c'est aligné. Si elle hésite ou sent une lourdeur en s'exprimant, ce n'est pas juste.

⚠ Les décisions paraissent parfois abruptes ou égoïstes pour les autres, car elles reposent uniquement sur la volonté personnelle et ne tiennent pas compte des opinions extérieures.

Conseil : Clarifier son intention et bien communiquer pour éviter l'incompréhension et la résistance des autres.

L'autorité du cœur projetée (Projecteurs) – Désirer en accord avec son identité

Le Centre du Cœur est connecté au Centre G (Identité), sans connexion à la Gorge.

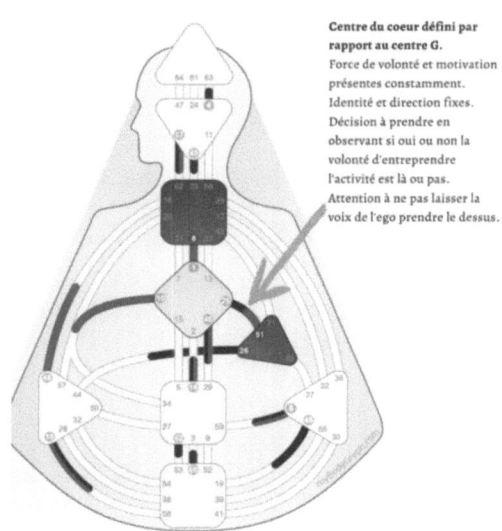

Centre du coeur défini par rapport au centre G.
Force de volonté et motivation présentes constamment. Identité et direction fixes. Décision à prendre en observant si oui ou non la volonté d'entreprendre l'activité est là ou pas. Attention à ne pas laisser la voix de l'ego prendre le dessus.

✔ Les décisions doivent être prises en se posant les bonnes questions :
"Est-ce que je veux vraiment ça ?"
"Cela m'apporte-t-il quelque chose ?"
"Est-ce aligné avec mon identité et ma mission ?"

✔ La volonté ne suffit pas : il faut attendre d'être invité ou reconnu avant d'agir.

Exemple : Un Projecteur avec une Autorité du Cœur Projetée ne devrait pas imposer son désir, mais attendre qu'une invitation extérieure confirme ce qu'il ressent.

⚠ Le piège : Se forcer à s'engager sans sentir une véritable motivation.

Conseil : Toujours écouter son désir profond et ne pas s'engager par obligation ou pour plaire aux autres.

Stratégie associée : "S'engager seulement quand le cœur dit Oui"

L'autorité du cœur est basée sur l'alignement avec ses propres désirs.
✔ Prendre une décision uniquement si l'envie et l'énergie sont présentes.
✔ Exprimer ses désirs sans compromis ni peur du jugement.
✔ Ne jamais forcer une action qui ne résonne pas avec le Cœur.

Exemple d'application :
☑ Une personne avec une Autorité du Cœur ressent une excitation naturelle face à une opportunité → Elle fonce !
☒ Elle ressent une lourdeur ou un désintérêt mais veut dire "oui" pour faire plaisir → Elle doit refuser.
Ne pas suivre son Autorité du Cœur mène à des engagements toxiques et à l'épuisement.

Les canaux connectés au cœur et leur influence sur la décision

Les canaux reliant le cœur aux autres centres influencent comment une personne exprime et vit sa volonté.

21-45 (Contrôle et Leadership – Cœur → Gorge)

Impact :
✔ Une volonté forte et affirmée, qui s'exprime naturellement.
✔ Une capacité à prendre des décisions instantanées et à les imposer aux autres.
✔ Tendance à prendre le leadership sans demander l'avis des autres.

25-51 (Initiation – Cœur → G)

Impact :
✔ Un besoin de connecter la volonté personnelle avec un sentiment de mission.
✔ Une prise de décision qui dépend de la perception de ce qui est juste et significatif.
✔ Une sensibilité aux invitations et à la reconnaissance des autres avant d'agir.

Application pratique de l'autorité du cœur

Dans le Business & Carrière
- Suivre les opportunités qui éveillent une réelle motivation intérieure.
- Refuser les engagements basés sur la peur ou l'obligation.
- Exprimer ses désirs avec clarté et conviction.

Dans les Relations
- Être transparent sur ses envies et ses limites.
- Ne pas s'engager dans des relations qui ne nourrissent pas un vrai désir personnel.
- Prendre soin de son énergie et éviter l'épuisement en voulant trop donner.

Dans la Vie quotidienne
- Faire confiance aux cycles de volonté et de repos.
- Dire "oui" uniquement si l'envie est sincère.
- Ne pas culpabiliser pour les décisions prises en accord avec soi-même.

Mantras pour intégrer l'autorité du cœur

"Je m'engage uniquement dans ce qui fait vibrer mon cœur."

"Je respecte mes désirs et je les poursuis sans peur."

"Si mon cœur n'y est pas, je décline avec grâce."

Ce qu'il faut retenir
✔ L'Autorité du Cœur repose sur la volonté et le désir profond.
✔ Si vous ne voulez pas quelque chose, ne le faites pas.
✔ Le mental n'a pas à justifier une décision issue du Cœur.
✔ Ne pas s'engager sans une motivation réelle.

Votre puissance réside dans votre capacité à dire OUI avec force

et NON avec clarté. Faites confiance à votre cœur.

L'autorité auto-projetée

L'autorité auto-projetée, un guide par l'expression de soi

L'autorité auto-projetée est exclusive aux Projecteurs, et concerne uniquement ceux dont le Centre G est défini et connecté à la Gorge, tandis que tous les centres moteurs sont non définis. Cette configuration unique signifie que ces personnes ne sont pas conçues pour agir sous l'impulsion d'une énergie motrice (comme le Sacral ou le Cœur), mais pour s'orienter à travers leur propre expression vocale.

Contrairement aux autres autorités qui s'appuient sur des sensations corporelles, de l'intuition ou des cycles émotionnels, l'autorité auto-projetée repose sur la parole :
✔ Parler permet d'accéder à sa vérité intérieure.
✔ Entendre sa propre voix révèle la direction juste.

Si vous avez une autorité auto-projetée, votre mission est de verbaliser ce que vous ressentez, et d'écouter attentivement ce que vous exprimez. Votre vérité se manifeste à travers vos propres mots.

Fonctionnement du centre G et son influence sur la prise de décision

Le Centre G est le siège de l'identité, de la direction de vie et de l'amour de soi. Il fonctionne comme un GPS interne, indiquant la bonne direction à travers le ressenti de bien-être et d'alignement.

Lorsqu'il est connecté à la Gorge, cette direction intérieure doit être verbalisée pour devenir claire. L'individu ne peut pas se fier uniquement à ses pensées, il doit exprimer ses ressentis à haute voix et écouter ce qui en ressort.

L'autorité auto-projetée se manifeste à travers :
- Un besoin de parler pour prendre une décision.
- Des mots qui surgissent spontanément, porteurs de vérité.
- Un sentiment de bien-être et d'alignement lorsque la bonne direction est trouvée.

Si les mots sonnent faux ou provoquent un malaise en les entendant, c'est que ce n'est pas la bonne décision.

Le processus décisionnel : Verbaliser pour clarifier

- Les personnes avec cette autorité doivent s'exprimer à voix haute pour entendre ce qui est juste.
- Parler seul(e), enregistrer ses pensées ou se confier à une personne neutre permet d'accéder à sa vérité.
- Il ne s'agit pas d'obtenir des conseils ou des avis, mais de s'écouter soi-même.

Exemple de mise en pratique :
☑ Un Projecteur avec une Autorité Auto-Projetée qui hésite sur un projet commence à en parler et réalise soudainement :
"Je ressens tellement d'enthousiasme en en parlant, c'est exactement ce que je veux faire !"
☒ À l'inverse, si en parlant il ressent un malaise, de l'hésitation ou une dissonance dans ses mots, cela signifie que ce n'est pas aligné.
Les mots sont le miroir de sa vérité intérieure.

Stratégie associée : "Attendre la bonne invitation"

L'autorité auto-projetée est propre aux Projecteurs, qui doivent attendre d'être invités et reconnus avant d'agir.
✔ Ne pas se précipiter dans l'action.
✔ Parler de ses envies et observer ce qui sonne juste.
✔ Attendre une invitation extérieure qui valide cette direction.

Exemple d'application :
☑ Un Projecteur avec une Autorité Auto-Projetée ressent une envie de changer de métier. En en parlant avec un ami, il réalise que son discours est fluide, authentique et vibrant → C'est un signe qu'il est sur la bonne voie.
☒ Si en parlant, il ressent de l'incohérence ou un manque d'enthousiasme, il doit attendre avant de prendre une décision.

Si l'expression vocale ne résonne pas juste, il faut attendre et continuer à explorer.

Les canaux connectés au centre G et leur influence sur l'autorité auto-projetée

Les canaux reliant le Centre G à la Gorge influencent comment une personne exprime et suit sa direction intérieure.

Canal 1-8 (Inspiration et Contribution) – "Exprimer son unicité"

<u>Impact</u> :
✔ Une voix qui transmet une vision unique du monde.
✔ Une vérité qui se manifeste à travers l'originalité et l'inspiration.
✔ Une capacité à inspirer les autres simplement en étant aligné(e) avec sa propre vérité.

Canal 13-33 (La Mémoire et la Transmission) – "Apprendre à travers le partage"

<u>Impact</u> :
✔ Une prise de décision qui passe par le récit et la transmission d'expériences.
✔ Un besoin de verbaliser ses souvenirs et apprentissages pour comprendre sa direction.
✔ Une forte capacité à capter les histoires et à en tirer du sens.

Canal 10-20 (L'Expression du Soi Authentique) – "Parler sa vérité dans l'instant"

<u>Impact</u> :
✔ Une voix qui exprime l'identité profonde dans le moment présent.
✔ Une décision qui devient claire au fur et à mesure de l'expression vocale.
✔ Une tendance à révéler la vérité sans filtre.

Canal 31-7 (Le Leadership Naturel) – "La voix de la direction"

<u>Impact</u> :
✔ Une prise de décision qui passe par l'alignement avec une vision collective.
✔ Une capacité à exprimer une direction claire pour soi-même et pour les autres.

✔ Une voix naturellement influente, qui attire les bonnes invitations.

Application pratique de l'autorité auto-projetée

Dans le Business & Carrière
- Parler de ses idées et écouter comment elles résonnent.
- Ne pas se forcer à suivre une opportunité qui ne vibre pas juste en la verbalisant.
- Attendre une invitation qui valide la bonne direction.

Dans les Relations
- S'exprimer librement pour clarifier ses besoins et envies.
- Observer comment les mots sonnent lorsqu'ils sont dits à haute voix.
- Ne pas retenir une vérité intérieure par peur du jugement.

Dans la Vie quotidienne
- Prendre du temps pour parler seul(e) ou à un ami neutre.
- Éviter d'analyser mentalement les décisions, laisser la voix guider.
- Faire confiance au ressenti corporel en entendant ses propres mots.

Mantras pour intégrer l'autorité auto-projetée

"Je laisse ma voix exprimer ma vérité sans filtre ni peur."

"Je m'écoute attentivement, car mes mots révèlent mon chemin."

"Je fais confiance à l'alignement de ma parole et de mon être."

Ce qu'il faut retenir
✔ L'Autorité Auto-Projetée fonctionne à travers la parole et l'écoute de sa propre voix.
✔ Les décisions se clarifient lorsqu'elles sont verbalisées à haute voix.

✔ Le mental ne doit pas interférer, seule la résonance des mots compte.
✔ Attendre une invitation extérieure qui valide la direction est essentiel.

Votre vérité est dans votre voix. Exprimez-vous librement et écoutez votre guidance intérieure.

L'autorité soundboarding

L'autorité soundboarding, un processus de réflexion à travers l'interaction

L'autorité soundboarding, également appelée caisse de résonance, est exclusive aux Projecteurs Mentaux. Ces individus possèdent une définition uniquement au niveau mental (Tête, Ajna, et/ou Gorge définis), mais aucun centre moteur ou instinctif défini pour guider leurs décisions.

Contrairement aux autres autorités qui reposent sur des signaux corporels ou énergétiques, l'autorité soundboarding demande un PROCESSUS DE DISCUSSION pour clarifier une direction.

⚠ Cette autorité ne signifie pas que ces individus doivent chercher des conseils ou des avis extérieurs.

Ils doivent parler à voix haute, verbaliser leurs pensées et écouter comment elles résonnent pour eux.

Leur vérité n'est pas immédiatement disponible dans leur mental, mais elle émerge progressivement en entendant leur propre voix à travers la conversation.

Fonctionnement du processus soundboarding

L'autorité soundboarding suit un processus en plusieurs étapes :
1. Recevoir une invitation ou une décision à considérer.
2. Ne pas répondre immédiatement.
3. Engager des conversations avec différentes personnes neutres.
4. Observer la résonance et la cohérence des paroles prononcées.
5. Permettre à la vérité intérieure d'émerger progressivement.

L'objectif n'est pas d'obtenir des réponses des autres, mais de s'écouter soi-même en parlant.

Ce qu'il faut retenir :
✔ Parler à voix haute permet d'accéder à une clarté intérieure.
✔ Il ne s'agit pas de demander des conseils, mais d'utiliser les autres comme un miroir pour entendre ses propres mots.
✔ Les décisions ne doivent pas être prises immédiatement.

Stratégie associée : "Attendre la juste invitation et explorer par la discussion"

L'autorité soundboarding est propre aux Projecteurs, qui doivent attendre d'être invités et reconnus avant de prendre une décision.
- Ne pas se précipiter dans l'action.
- Parler avec des personnes neutres, sans chercher d'influence extérieure.
- Attendre que la cohérence se manifeste dans la parole.

Exemple d'application :
☑ Un Projecteur Mental reçoit une proposition de travail. Plutôt que d'accepter immédiatement, il en parle avec des amis, verbalise ce qu'il ressent et remarque que son discours devient de plus en plus clair et convaincu → C'est un signe que la décision est juste.
☒ À l'inverse, si en parlant il ressent des contradictions, du doute ou un malaise, il sait que ce n'est pas aligné.

Le processus Soundboarding permet de révéler la véritable direction intérieure.

La sensibilité au conditionnement : un défi majeur

Les Projecteurs Mentaux sont des types non-énergétiques qui n'ont pas d'autorité intérieure directe.
Cela les rend particulièrement sensibles aux influences extérieures et aux conditionnements.

⚠ Les pièges à éviter :
- Prendre une décision sous pression extérieure.

- Accepter une opportunité pour plaire à quelqu'un d'autre.
- Se laisser influencer par l'énergie sacrale ou émotionnelle des autres.

Conseil : S'entourer d'un environnement et de personnes neutres qui permettent une réflexion libre, sans pression ni jugement.

Application pratique de l'autorité soundboarding

Dans le Business & Carrière
- Ne pas accepter une offre immédiatement.
- Parler de l'opportunité avec des personnes de confiance.
- Observer les mots qui reviennent et comment ils résonnent.

Dans les Relations
- Exprimer ses sentiments à voix haute pour clarifier une situation.
- Ne pas se précipiter dans un engagement.
- Ne pas rechercher l'approbation des autres, mais simplement entendre sa propre voix.

Dans la Vie quotidienne
- Prendre l'habitude de parler seul(e) ou d'enregistrer ses pensées.
- Tester la résonance de certaines décisions à travers la discussion.
- Se fier au ressenti profond qui émerge au fil du temps.

Mantras pour intégrer l'autorité soundboarding

"Je fais confiance à ma voix pour révéler ma vérité intérieure."

"Je n'ai pas besoin de réponses immédiates, ma clarté se révèle dans le temps."

"Je parle, j'écoute, j'observe, et ma direction devient évidente."

Ce qu'il faut retenir
✔ L'autorité soundboarding repose sur la verbalisation et la réflexion par la parole.
✔ Les décisions doivent être prises après un processus de discussion et de résonance.
✔ Le mental seul ne peut pas fournir la clarté, il doit être exprimé pour révéler la vérité.
✔ L'environnement et les personnes avec qui l'on parle influencent fortement la prise de décision.

Votre vérité se révèle à travers votre voix. Exprimez-vous librement et écoutez ce qui émerge en vous.

L'autorité lunaire

L'autorité lunaire, un processus de réflexion sur 28 Jours

L'Autorité Lunaire est exclusive aux Réflecteurs, qui sont les seuls types sans centre défini. Leur énergie est en constante évolution, influencée par leur environnement et les personnes qui les entourent.

Contrairement aux autres types d'autorités qui offrent des réponses immédiates ou des processus internes plus rapides, les Réflecteurs doivent attendre un cycle lunaire complet (28 jours) avant de prendre des décisions importantes.

Si vous avez une autorité lunaire, votre vérité ne se manifeste pas dans l'instant. Elle se révèle progressivement, à travers les différentes phases du cycle lunaire.

- Votre perception change au fil des jours, influencée par les énergies extérieures.
- La patience est votre plus grand allié : ce qui semble juste un jour peut paraître inapproprié le lendemain.
- Attendre 28 jours permet de voir toutes les nuances d'une décision avant de s'engager.

Votre processus décisionnel repose sur l'observation, l'attente et la contemplation.

Pourquoi le cycle lunaire est essentiel pour les Réflecteurs ?

Un être sans définition fixe
Les Réflecteurs n'ont aucun centre défini, ce qui signifie qu'ils sont des miroirs énergétiques de leur environnement.
- Ils captent en permanence les énergies des autres et des lieux.
- Ils peuvent ressentir une grande clarté un jour, et être totalement confus le lendemain.
- Ils ne doivent pas se précipiter dans des décisions, car ce qu'ils ressentent à un moment donné peut ne pas être stable.

La Lune, un guide naturel
Pourquoi attendre 28 jours ?
- La Lune traverse les 64 portes du Rave I'Ching en un cycle complet de 28 jours, activant chaque porte et offrant une expérience énergétique complète.
- Chaque jour, un Réflecteur est influencé par une nouvelle combinaison d'énergies.
- À la fin du cycle, ils ont exploré toutes les nuances d'une décision sous différents angles.

Ce processus permet de voir si une décision reste cohérente au fil du temps, ou si elle varie trop pour être fiable.

Exemple : Un Réflecteur hésite à accepter un nouvel emploi.

Jour 5 : Il est enthousiaste et prêt à foncer.

Jour 12 : Il ressent un doute et se demande si c'est le bon choix.

Jour 21 : Il se sent totalement en accord avec cette opportunité.

Jour 28 : Il réalise que la plupart du temps, il était positif et aligné avec cette décision. → Il peut dire OUI en confiance.

Si la décision fluctue trop ou reste floue après 28 jours, il faut attendre encore et observer davantage.

Stratégie associée : "Attendre, observer et se laisser guider"
L'autorité lunaire impose une prise de décision en plusieurs étapes :
- Ne pas chercher à prendre une décision immédiatement.
- Observer comment la perception évolue au fil du cycle lunaire.
- S'entourer d'un environnement et de personnes qui permettent

d'explorer la décision sous différents angles.
- Ne pas s'attacher aux ressentis d'un jour isolé, mais considérer la tendance générale du mois.

Exemple d'application :
Un Réflecteur envisage de déménager. Plutôt que de dire "oui" ou "non" immédiatement, il visite plusieurs fois le lieu, ressent les énergies à différents moments du mois et observe comment son impression évolue. → Si la majorité du cycle est positive, il sait que c'est un bon choix.

Si l'incertitude persiste, ce n'est pas encore le bon moment pour trancher.

Sensibilité au conditionnement et influence de l'environnement

Les Réflecteurs sont des éponges énergétiques.
- Ils absorbent les émotions et les influences de leur entourage.
- Ils doivent faire attention à ne pas prendre une décision influencée par les énergies extérieures.
- Ils doivent tester une décision dans différents contextes pour voir si elle reste cohérente.

Leur plus grand défi est de distinguer ce qui leur appartient de ce qu'ils captent des autres.

⚠️ Les pièges à éviter :
- Prendre une décision sous l'influence émotionnelle de quelqu'un d'autre.
- Dire "oui" pour faire plaisir sans ressentir un alignement profond.
- Se sentir pressé d'agir alors que la clarté n'est pas encore là.

Conseil : Un bon environnement et des relations équilibrées sont essentiels pour des prises de décisions alignées.

Application pratique de l'autorité lunaire

Dans le Business & Carrière
- Ne jamais signer un contrat immédiatement.
- Tester plusieurs fois un poste, un bureau ou une équipe avant de s'engager.
- Éviter les décisions prises sous pression ou urgence.

Dans les Relations
- Ne pas se précipiter dans une nouvelle relation.
- Observer comment l'autre personne impacte leur bien-être au fil du temps.
- Prendre du recul avant de dire "oui" à un engagement important.

Dans la Vie quotidienne
- Faire confiance aux cycles naturels et ne pas forcer une réponse immédiate.
- Tenir un journal pour observer les variations de ressenti face à une décision.
- Éviter les environnements stressants ou trop influents qui peuvent biaiser la perception.

Mantras pour intégrer l'autorité lunaire

"Je respecte mon propre rythme et laisse le temps me guider vers la clarté."

"Je n'ai pas besoin de précipiter mes choix, ma vérité se révèle naturellement."

"J'écoute mes ressentis sur toute la durée du cycle lunaire avant d'agir."

Ce qu'il faut retenir
✔ L'Autorité Lunaire impose un délai de 28 jours pour prendre une décision.
✔ Les Réflecteurs sont influencés par leur environnement et doivent

tester une décision sous différentes énergies.
✔ Le ressenti fluctue au fil des jours, et seule la tendance générale du cycle compte.
✔ La patience est essentielle pour éviter la déception ou les décisions impulsives.

Votre clarté ne vient pas immédiatement, elle se révèle à travers le temps. Faites confiance au cycle naturel de la vie.

Nous avons exploré les différentes manières de prendre des décisions en fonction de son Human Design. Contrairement à ce que nous avons appris dans la société, le mental n'est pas conçu pour choisir. Chaque type d'autorité a son propre rythme et son propre mécanisme pour accéder à la clarté.

Ce qu'il faut retenir :
✔ Votre autorité intérieure est votre boussole naturelle.
✔ Elle ne fonctionne pas comme celle des autres, et c'est normal.
✔ Respecter son autorité, c'est s'aligner avec sa véritable nature.
✔ Les décisions prises en accord avec son autorité apportent fluidité et bien-être.

Lorsque vous suivez votre propre rythme de décision, la vie devient plus fluide et alignée. Expérimentez votre autorité et observez comment elle transforme votre quotidien.

Prochaine partie : Les Profils – Le rôle que vous incarnez
Maintenant que nous avons compris comment prendre des décisions alignées avec notre design, il est temps d'explorer un autre élément fondamental du Human Design : les Profils.

Dans cette partie, nous découvrirons :
✔ Les 12 Profils et leur signification.
✔ L'influence des lignes sur votre rôle et votre façon d'interagir.
✔ Comment intégrer votre Profil dans votre vie et vos relations.

Prêt(e) à comprendre le rôle que vous incarnez dans ce monde ?

CHAPITRE 4

LES PROFILS
VOTRE UNIQUE CONTRIBUTION AU MONDE

Dans l'univers fascinant du Human Design, votre Profil est l'un des éléments fondamentaux qui façonnent votre manière d'interagir avec le monde. Il définit votre rôle naturel, votre façon d'apprendre, de vous exprimer et d'être perçu par les autres. En comprenant votre Profil, vous pouvez maximiser votre impact, en alignant votre expression extérieure avec votre véritable essence intérieure.

Pourquoi le Profil est-il essentiel ?
- Il influence vos relations, votre communication et votre leadership naturel.
- Il vous offre des clés de compréhension sur votre parcours de vie et votre dynamique d'évolution.
- Il vous permet de vous positionner dans votre environnement d'une manière qui respecte votre nature profonde.

Ce chapitre vous guidera dans l'exploration des 12 Profils du Human Design, en mettant en lumière leur signification, leurs défis et leurs opportunités, ainsi que les stratégies pour les incarner pleinement.

Qu'est-ce que le Profil en Human Design ?

Définition et importance

Le Profil en Human Design est constitué de deux chiffres, chacun correspondant à une Ligne issue du Hexagramme du Yi-King. Ces deux Lignes sont déterminées par :

Le premier chiffre (Conscient) : lié à votre **Soleil Conscient**, il reflète comment vous vous percevez et exprimez votre personnalité.

Le **second chiffre** (Inconscient) : lié à votre **Soleil Inconscient**, il représente ce que les autres perçoivent en vous avant même que vous en soyez conscient(e).

Ces deux aspects forment ensemble votre dynamique intérieure et extérieure, influençant votre façon de naviguer dans la vie et de répondre aux situations.

Les profils dans le Human Design sont essentiels pour plusieurs raisons :

Guidage personnel : Ils fournissent des insights profonds sur nos forces et faiblesses innées, nous aidant à naviguer dans nos choix de vie personnels et professionnels de manière plus informée et alignée.

Stratégies d'interaction : Les profils déterminent la manière dont nous sommes conçus pour interagir avec les autres, offrant une voie vers des relations plus authentiques et épanouissantes.

Compréhension de soi : Ils nous aident à comprendre notre processus unique d'apprentissage et de croissance, révélant comment nous pouvons le mieux contribuer au monde qui nous entoure.

Alignement professionnel : En connaissant notre profil, nous pouvons identifier les environnements et les rôles professionnels dans lesquels nous allons naturellement exceller, permettant une plus grande satisfaction et réussite dans notre carrière.

Acceptation : Les profils nous aident à embrasser notre unicité, nous libérant de la pression de correspondre aux attentes sociétales et nous encourageant à vivre selon nos termes.

Au quotidien, la connaissance de notre profil peut transformer la façon dont nous approchons les défis, les opportunités et les relations. Par exemple, un 4/6 (L'Opportuniste/Rôle Modèle) trouvera que ses meilleures opportunités viennent à travers son vaste réseau social, tandis qu'un 1/3 (L'Investigateur/Martyr) se sentira poussé à explorer et expérimenter pour découvrir les vérités profondes de la vie.

En fin de compte, les profils dans le Human Design ne sont pas simplement des catégories arbitraires, mais des clés qui débloquent les portes de notre potentiel le plus profond. Ils nous invitent à explorer et à célébrer notre singularité, tout en nous guidant vers une vie plus authentique, satisfaisante et alignée avec notre essence véritable. Comprendre et intégrer notre profil dans notre vie quotidienne est un pas vers la réalisation de notre contribution unique au monde.

Les 6 lignes et leur signification

Les lignes dans votre profil Human Design, de la première ligne, le fondement, à la sixième, le rôle modèle, illustrent un spectre d'évolution personnelle. La première ligne cherche la sécurité dans le savoir, tandis que la sixième aspire à un sens plus élevé de l'existence et de l'exemplarité. Chaque ligne ajoute une couleur unique à votre façon d'aborder les défis, les opportunités et les relations dans votre vie.

Votre profil est plus qu'une simple étiquette ; c'est une carte vivante qui guide votre chemin vers l'authenticité et la contribution significative. En plongeant dans les profondeurs de votre profil Human Design, vous débloquez les portes d'une compréhension plus riche de vous-même et du rôle unique que vous êtes destiné à jouer dans le tissu de l'existence.

Influence des lignes sur votre profil

Ligne 1 (L'Investigateur) : Les individus ayant une ligne 1 dans leur profil possèdent une inclination naturelle vers la recherche, la fondation et la compréhension profonde des choses. Cette ligne influence le profil en apportant une approche méthodique et parfois introspective à la vie. Les personnes avec cette ligne cherchent la sécurité dans la connaissance avant de se sentir à l'aise pour agir ou partager avec les autres.

Ligne 2 (L'Ermite) : La présence de la ligne 2 indique un besoin d'isolement et de retrait pour la réflexion personnelle ou la poursuite de ses intérêts. Cette ligne apporte une qualité d'auto-suffisance, où l'individu peut se sentir appelé de l'extérieur pour partager ses talents uniques. Les profils contenant cette ligne sont souvent perçus comme naturellement compétents dans certains domaines, même s'ils ne cherchent pas activement la reconnaissance.

Ligne 3 (Le Martyr) : Les profils avec la ligne 3 ont tendance à apprendre par essais et erreurs, ce qui peut les amener à expérimenter plusieurs chemins dans la vie. Cette ligne apporte une résilience et une adaptabilité naturelles, ainsi qu'une inclination à explorer et à innover. Les individus avec cette ligne sont souvent dans un processus de découverte personnelle continu.

Ligne 4 (L'Opportuniste) : La ligne 4 met l'accent sur l'importance des relations sociales et des réseaux. Les profils influencés par cette ligne trouvent souvent des opportunités et du soutien à travers leurs connexions personnelles. Cette ligne encourage une approche de la vie qui valorise les amitiés et les interactions, faisant des relations un pilier central de leur expérience.

Ligne 5 (L'Hérétique) : Les individus avec une ligne 5 dans leur profil portent souvent des attentes ou des projections des autres. Cette ligne peut apporter un rôle de sauveur ou de solutionneur de problèmes, où l'individu est vu comme une figure capable de répondre aux besoins ou aux crises. Les profils avec cette ligne doivent naviguer entre les perceptions et la réalité de leur capacité à aider.

Ligne 6 (Le Rôle Modèle) : La ligne 6 représente un chemin de vie en trois phases, allant de l'expérimentation à l'observation, puis à l'incarnation du rôle modèle. Les profils avec cette ligne sont influencés par cette trajectoire de vie, apportant une perspective unique qui évolue avec le temps. Les individus avec cette ligne ont souvent un impact profond sur leur communauté à travers leur sagesse et leur exemple.

Chaque Profil est une combinaison de deux des six Lignes de l'Hexagramme :

LIGNE	Energie principale	Thème clé
Investigateur	Recherche la connaissance et la stabilité	Apprentissage, approfondissement, bases solides
Ermite	Talent naturel et besoin de solitude	Authenticité, simplicité, introspection
Martyr	Apprentissage par l'expérience	Essais-erreurs, résilience, adaptation
Opportuniste	Influence et connexion sociale	Relations, réseau, transmission
Hérétique	Projection et leadership	Solutions pratiques, impact collectif
Rôle modèle	Sagesse à travers l'évolution	Phases de vie, enseignement, vision globale

Les profils dans le Human Design constituent des archétypes qui façonnent notre manière de naviguer dans le monde, d'interagir avec les autres et de poursuivre notre croissance personnelle. Chaque profil est composé de deux lignes, chacune apportant une dimension unique à notre personnalité et à notre parcours de vie.

1/3 (L'Investigateur/Martyr) : Quête de fondations solides et d'apprentissage par l'expérience.
1/4 (L'Investigateur/Opportuniste) : Recherche de connaissances avec un fort réseau social.
2/4 (L'Ermite/Opportuniste) : Besoin d'intimité avec un don pour les relations.
2/5 (L'Ermite/Hérétique) : L'ermite attiré par le rôle de sauveur face aux attentes extérieures.
3/5 (Le Martyr/Hérétique) : Expérimentation et correction face aux projections des autres.
3/6 (Le Martyr/Rôle Modèle) : Un parcours d'expérimentation vers l'incarnation du modèle.
4/6 (L'Opportuniste/Rôle Modèle) : Bâtir des relations significatives en évoluant vers un guide.
4/1 (L'Opportuniste/Investigateur) : Réseau social basé sur des connaissances solides.
5/1 (L'Hérétique/Investigateur) : Le sauveur avec une base de connaissances profondes.
5/2 (L'Hérétique/Ermite) : Le rôle de sauveur mélangé au besoin de retrait.
6/2 (Le Rôle Modèle/Ermite) : De l'expérimentation à la sagesse, tout en préservant l'intimité.
6/3 (Le Rôle Modèle/Martyr) : Un chemin de vie de découvertes intensives vers l'exemplarité.

Décryptage des 12 Profils

Chaque Profil possède ses caractéristiques spécifiques, influençant la manière dont une personne fonctionne, apprend et communique.

Chaque profil résulte de l'assemblage de deux lignes différentes, l'une mettant en lumière le rôle de l'esprit, et l'autre représentant le "costume" de notre inconscient.

Cette dualité façonne notre expérience unique dans la vie.

Les lignes 1 à 4 ont une inclinaison vers l'expression individuelle dans leur parcours, tandis que les lignes 5 et 6 sont orientées vers le transpersonnel. Cela signifie que leur lien avec les autres a souvent un poids plus important dans leur expérience de vie et le rôle qu'ils jouent.

1/3 – L'Investigateur/Martyr

ARRÊTER D'APPRENDRE, C'EST ARRÊTER DE VIVRE. ET APPRENDRE DE SES ERREURS C'EST AVANCER À GRANDS PAS.

Le profil 1/3 dans le Human Design, combinant les dynamiques de l'Investigateur et du Martyr, est un mélange unique de recherche profonde et d'apprentissage par l'expérience directe.

Les individus avec ce profil sont naturellement poussés par un désir de comprendre le fondement des choses avant de se sentir en sécurité pour avancer, tout en étant intrinsèquement programmés pour apprendre de leurs erreurs et expériences personnelles.

- **Caractéristiques**

Quête de connaissance : Les Investigateurs/Martyrs possèdent une soif inextinguible de connaissances. Ils plongent profondément dans les sujets qui les passionnent, cherchant à construire une base solide de compréhension avant de se sentir prêts à agir.

Apprentissage par expérience : Malgré leur besoin de sécurité intellectuelle, ils sont également guidés par un impératif d'expérimentation. Chaque échec est perçu non pas comme un revers, mais comme une opportunité précieuse d'apprentissage et de croissance.

- **Défis**

Équilibre entre théorie et pratique : Trouver l'équilibre entre la recherche de connaissances et l'application pratique peut être un défi. Trop pencher d'un côté peut mener à la stagnation ou à des erreurs répétitives sans apprentissage adéquat.

Gestion de la frustration : Face à l'échec, maintenir une perspective optimiste tout en tirant des leçons constructives est essentiel. La gestion de la frustration et la résilience émotionnelle sont cruciales.

- **Opportunités**

Innovateurs et pionniers : Leur tendance naturelle à questionner et à tester les limites fait des 1/3 des innovateurs nés. Ils ont le potentiel de découvrir ou de créer des solutions novatrices aux problèmes anciens et nouveaux.

Guides authentiques : Ayant parcouru le chemin de la découverte et de l'échec, ils peuvent offrir des conseils pratiques et authentiques, basés sur leurs expériences réelles.

- **Stratégies pour une communication et un apprentissage efficaces**

Valoriser l'expérimentation : Reconnaître et célébrer chaque expérience, réussie ou non, comme une étape essentielle du processus d'apprentissage.

Développer la confiance en soi : Cultiver la confiance dans leur propre jugement et capacité à apprendre de leurs expériences, sans dépendre excessivement des validations externes.

Communication transparente : Partager ouvertement leurs découvertes et leurs échecs peut non seulement aider à démystifier le processus d'apprentissage mais aussi inspirer et éduquer les autres.

Établir des limites saines : Apprendre à distinguer entre les risques calculés et les impulsions imprudentes, établissant des limites saines pour l'expérimentation.

Les individus 1/3 sont encouragés à embrasser leur nature exploratoire, à reconnaître la valeur intrinsèque de leurs expériences, et à utiliser leur profonde compréhension et leur résilience pour guider non seulement leur propre chemin mais aussi pour enrichir ceux autour d'eux. En faisant ainsi, ils transforment leur quête perpétuelle de connaissance et leur voyage d'apprentissage en un outil puissant pour la communication efficace et l'évolution personnelle.

1/4 – L'Investigateur/Opportuniste

Le profil 1/4, l'Investigateur/Opportuniste, dans le Human Design, est une alchimie unique entre la quête de connaissance profonde et une aptitude innée pour le réseautage.

Les individus de ce profil se distinguent par leur capacité à ancrer solidement leurs fondations intellectuelles tout en naviguant avec aisance dans le monde relationnel. Ils servent souvent de ponts entre la connaissance et la communauté, enrichissant leur entourage par leur sagesse et leur réseau étendu.

▪ **Caractéristiques** :

Comme le profil 1/3, le profil 1/4 est également avide de connaissances et cherchera à comprendre les fondements de tout sujet qui les intéresse.

La ligne 4 apporte une aisance relationnelle, permettant à ces individus de créer des connexions facilement, ce qui peut être particulièrement utile pour obtenir des informations ou des opportunités.

Le profil 1/4 a tendance à chercher des informations par le biais de ses relations. Le réseau sert de filtre pour valider et étoffer leur base de connaissances.

Les personnes avec ce profil sont souvent capables de jongler entre des tâches nécessitant des compétences intellectuelles profondes et des interactions sociales fluides.

Trouver un équilibre entre la vie sociale et la quête personnelle de connaissance peut être un défi. Ils peuvent parfois se sentir déchirés entre les deux.

En raison de leur compétence en réseautage, les autres peuvent avoir des attentes élevées à leur égard, ce qui peut créer une pression supplémentaire.

▪ **Approche pour bâtir des réseaux solides et authentiques**

Cultiver la curiosité mutuelle : Encouragez des échanges authentiques en partageant vos découvertes et en montrant un intérêt sincère pour les perspectives des autres. Cela crée un terrain fertile pour des relations basées sur l'échange intellectuel et le respect mutuel.

Stratégies de réseautage considérées : Utilisez votre profonde compréhension des sujets qui vous passionnent comme un moyen d'attirer et d'engager des personnes avec des intérêts similaires. Votre expertise peut ouvrir des portes et établir des connexions significatives.

Équilibre entre introspection et extraversion : Soyez conscient de votre besoin naturel d'équilibrer votre quête de connaissance avec votre activité sociale. Planifiez des périodes d'introspection pour approfondir vos connaissances, ainsi que des moments dédiés au réseautage.

- **Conseils pour naviguer dans les transitions professionnelles**

Utiliser votre réseau comme ressource : En période de transition, votre réseau peut servir de support crucial. Les connexions authentiques que vous avez établies peuvent offrir des conseils, des opportunités et un soutien moral.

Communication de votre vision : Votre capacité à articuler clairement vos aspirations et votre expertise peut transformer votre réseau en un puissant allié de votre développement professionnel. Assurez-vous que votre communauté comprend vos objectifs et comment elle peut contribuer à les réaliser.

Adaptabilité et ouverture : Soyez ouvert aux opportunités qui peuvent émerger de façon inattendue. Votre agilité dans la navigation entre le monde des idées et celui des relations vous positionne idéalement pour saisir des opportunités diverses.

Le profil 1/4 est doté d'une dualité enrichissante qui, lorsqu'équilibrée, peut mener à une influence profonde et à un épanouissement tant personnel que professionnel. Leur défi réside dans la gestion harmonieuse de leur soif de connaissance et leur don pour le réseautage, assurant ainsi qu'ils ne se perdent pas dans l'un au détriment de l'autre. En embrassant pleinement les deux côtés de leur nature, les Investigateurs/Opportunistes peuvent devenir des leaders éclairés et des membres appréciés de leur communauté, apportant une contribution unique au monde.

2/4 – L'Ermite/Opportuniste

Le profil 2/4 dans le Human Design combine les qualités introspectives de l'Ermite avec la capacité relationnelle de l'Opportuniste. Ces individus ont une nature unique qui mêle le besoin de solitude et de réflexion intérieure à un talent inné pour nouer des relations significatives.

Leur **défi** réside dans l'équilibre entre ces deux mondes, offrant une opportunité unique de cultiver des relations profondes tout en poursuivant leurs passions personnelles.

- **Caractéristiques** :

Besoin d'isolation : La ligne 2 a un besoin intrinsèque de temps seul pour l'introspection et l'auto-découverte. Ce temps est vital pour leur bien-être.

Fluidité relationnelle : En contraste, la ligne 4 est extrêmement douée pour établir des relations et peut souvent être trouvée au cœur de réseaux sociaux.

Retraite et engagement : Le profil 2/4 a souvent un cycle de retraite dans la solitude pour la réflexion, suivi d'une période d'engagement social intense.

Des appels de l'extérieur : Bien que l'Ermite Opportuniste aime la solitude, son réseau social a souvent un moyen de les "appeler à sortir", soit pour des opportunités, soit pour des interactions sociales qui sont enrichissantes.

Équilibre entre soi et les autres : Trouver le bon équilibre entre leur besoin de solitude et leur vie sociale peut être un acte délicat, surtout parce qu'ils sont souvent sollicités par les autres.

Comprendre ses limites : Le défi peut également consister à comprendre quand dire non aux invitations sociales et quand embrasser les opportunités qui viennent à eux, sans se sentir submergé.

- **Importance de l'intimité et de la sélection des bonnes opportunités**

Création d'espaces d'intimité : Les 2/4 ont besoin de temps seul pour se ressourcer et pour plonger dans leurs intérêts ou passions. Ils doivent conscientiser la création d'espaces d'intimité où leur nature d'Ermite peut s'épanouir sans se sentir coupée des opportunités sociales.

Sélectionner avec discernement : La capacité de l'Opportuniste à attirer des opportunités est amplifiée par les connexions authentiques. Pour les 2/4, il est essentiel de sélectionner des opportunités qui résonnent véritablement avec leurs intérêts profonds et leurs valeurs, plutôt que de se disperser dans des engagements superficiels.

- **Techniques pour encourager l'engagement sans surcharger**

Communiquer clarté et limites : Établir des limites claires avec leur entourage permet aux 2/4 de gérer leurs besoins d'intimité tout en restant ouverts aux opportunités. Cela implique de communiquer ouvertement leurs besoins et leur façon de fonctionner à ceux qui les entourent.

Utiliser la sélectivité à leur avantage : En étant sélectifs avec leurs engagements, les 2/4 peuvent transformer leur réseau en une ressource puissante. Cela signifie choisir des projets et des collaborations qui alignent étroitement avec leur passion et leur vision, renforçant ainsi leur engagement et leur contribution.

Créer un équilibre entre solitude et socialisation : Intégrer intentionnellement des périodes de solitude et des moments de socialisation dans leur routine peut aider les 2/4 à maintenir leur équilibre intérieur. Cela pourrait signifier bloquer des périodes pour la solitude dans leur agenda tout comme ils planifieraient des rendez-vous sociaux.

Nourrir les relations profondes : Les 2/4 prospèrent sur des relations significatives. Ils devraient donc prioriser le temps passé avec des personnes qui comprennent et respectent leur nature unique, et qui peuvent offrir un soutien et des opportunités alignées avec leur chemin de vie.

En adoptant ces stratégies, les individus 2/4 peuvent naviguer avec succès dans leur dualité intrinsèque, tirant parti de leur capacité à forger des relations profondes tout en honorant leur besoin d'introspection et de solitude. Cet équilibre leur permet non seulement de réaliser leur potentiel unique mais aussi d'enrichir leur entourage de leur présence authentique et de leur contribution singulière.

2/5 – L'Ermite/Hérétique

Le profil 2/5 dans le Human Design incarne une dynamique unique, fusionnant la nature réfléchie de l'Ermite avec le potentiel de projection et de leadership de l'Hérétique.

Ces individus portent en eux une capacité innée à influencer et à guider, tout en ayant un besoin profond de retrait et de solitude pour se ressourcer. La clé de leur équilibre réside dans la gestion des attentes et des projections des autres, ainsi que dans le maintien de leur authenticité dans les rôles de leadership.

- **Caractéristiques :**

Repli stratégique : La Ligne 2 nécessite des périodes de solitude et de repli pour se recentrer et se comprendre. Ce n'est qu'à travers ce processus qu'ils peuvent réellement trouver leur propre vérité.

Le non-conformiste : La Ligne 5 est connue pour son esprit hérétique, souvent prêt à remettre en question le statu quo ou à présenter une nouvelle manière de voir les choses. Ils sont souvent vus comme des agents de changement.

L'appel intérieur et extérieur : Tandis que la ligne 2 les appelle à la solitude pour réfléchir, la ligne 5 les pousse vers un rôle plus public ou du moins, plus influent sur les autres. Ce tiraillement peut souvent être ressenti comme une lutte interne.

Influence : Leur nature provocatrice peut les mettre à l'écart, ou pire, les faire mal comprendre. Ils peuvent être vus comme des meneurs ou des perturbateurs selon le contexte.

Trouver un équilibre : L'un des plus grands défis pour un profil 2/5 est de trouver un équilibre entre leur besoin de solitude et leur désir (ou leur destin) d'effectuer un changement radical dans leur environnement ou leur société.

Gérer les attentes : En raison de leur aura "hérétique", les autres peuvent avoir des attentes élevées (ou des critiques sévères) à leur égard, ce qui peut être émotionnellement éprouvant.

- **Gérer les attentes et la projection dans les relations**

Comprendre la dynamique de projection : Le profil 2/5 attire souvent les projections des autres, où les gens voient en eux des qualités idéalisées ou des solutions à leurs propres problèmes. Reconnaître cette tendance permet aux 2/5 de naviguer dans les relations avec plus de clarté, en distinguant ce qui leur appartient de ce qui est projeté par autrui.

Clarifier les attentes : Il est crucial pour les 2/5 de communiquer clairement leurs limites et leurs capacités réelles à ceux qui les entourent. Cela implique d'être honnête sur ce qu'ils peuvent offrir et sur ce que les autres peuvent raisonnablement attendre d'eux.

Se protéger des surcharge de projections : Mettre en place des mécanismes de protection émotionnelle et psychologique peut aider les 2/5 à se préserver des effets drainants des attentes non fondées et des projections.

- **Stratégies pour maintenir l'authenticité dans le leadership**

Cultiver l'authenticité : Pour les 2/5, être un leader efficace signifie rester fidèle à soi-même. Cela implique d'embrasser pleinement leur besoin d'isolement pour la réflexion, tout en partageant leurs insights et leur vision lorsqu'ils sont en public.

Équilibrer solitude et visibilité : Trouver un équilibre entre les périodes de solitude nécessaires à leur bien-être et les moments où ils doivent être visibles et accessibles est essentiel. Planifier intentionnellement ces périodes peut aider à maintenir cet équilibre.

Gérer les perceptions publiques : Les 2/5 doivent naviguer avec prudence dans la manière dont ils sont perçus publiquement. Cela inclut la gestion proactive de leur image et la clarification de leur mission et de leurs valeurs pour éviter les malentendus.

S'appuyer sur des relations authentiques : Entourer de personnes qui comprennent et soutiennent leur nature dualiste peut fournir un ancrage essentiel et un feedback honnête, crucial pour leur intégrité en tant que leaders.

En intégrant ces stratégies, les profils 2/5 peuvent naviguer avec succès dans le défi complexe d'être vus comme des guides ou des leaders, tout en honorant leur besoin intrinsèque de solitude et de réflexion. En restant ancrés dans leur authenticité, ils peuvent transformer les projections et les attentes des autres en opportunités de guider de manière significative, sans perdre de vue leur essence véritable.

3/5 – Le Martyr/Hérétique

Le profil 3/5 dans le Human Design est une fusion unique entre l'expérimentateur, souvent appelé Martyr, et l'Hérétique, porteur de solutions potentielles pour le collectif.

Ce profil est caractérisé par un parcours de vie marqué par l'expérimentation, l'apprentissage par l'erreur et l'adaptation, tout en étant confronté aux attentes élevées et aux projections des autres.

- **Caractéristiques :**

L'expérimentateur : La Ligne 3 est intrinsèquement portée vers l'essai et l'erreur. Ils apprennent de leurs échecs et de leurs réussites, en faisant un parcours de vie riche en expériences et en apprentissage.

Le questionneur : La Ligne 5 a une approche hérétique, toujours prête à défier le statu quo et à introduire de nouvelles perspectives.

Influence double : Leur capacité à expérimenter et à poser des questions les rend souvent très influents dans leurs cercles sociaux et professionnels. Cependant, cette influence peut être une arme à double tranchant, car elle peut aussi susciter méfiance et malentendus.

Risques et récompenses : Le désir d'expérimenter peut parfois mener à des échecs visibles, mais c'est souvent le prix à payer pour des découvertes significatives.

Accepter l'échec : Un des défis majeurs pour le profil 3/5 est d'apprendre à voir l'échec non comme une défaite, mais comme une occasion d'apprendre et de croître.

La pression sociale : Leur nature hérétique peut souvent les mettre en conflit avec les normes sociales ou les attentes, ce qui peut être stressant émotionnellement.

- **Embrasser l'expérimentation et la transformation**

Valeur de l'échec : Pour le profil 3/5, il est crucial de reconnaître que chaque "échec" n'est pas un revers, mais une opportunité précieuse d'apprentissage et de croissance. Chaque expérience, réussie ou non, est un pas vers une compréhension plus profonde de soi-même et du monde.

Cycle d'expérimentation : Adopter un cycle d'expérimentation consciente où la planification, l'action, l'évaluation et l'ajustement sont des étapes continues permet au 3/5 de transformer les idées en réalisations tangibles, tout en restant ouvert aux ajustements nécessaires.

Transformation personnelle : Le profil 3/5 est invité à voir sa vie comme un voyage de transformation continue. Accepter et même célébrer cette transformation perpétuelle permet une plus grande acceptation de soi et encourage la résilience face aux défis.

- **Conseils pour une communication claire et sans ambiguïté**

Clarifier les intentions : La communication du profil 3/5 doit être directe et sans équivoque, surtout en raison de la tendance à susciter des projections et des attentes. Clarifier vos intentions et vos limites dès le début aide à minimiser les malentendus.

Feedback constructif : Cultiver des espaces où le feedback constructif est bienvenu et valorisé peut aider les 3/5 à affiner leur approche et à s'aligner plus étroitement avec leurs objectifs véritables.

Gestion des projections : Étant donné que les 3/5 peuvent être sujets à des projections de qualités ou de capacités qu'ils ne possèdent pas nécessairement, communiquer activement leurs véritables compétences et limites est essentiel pour éviter les déceptions et les malentendus.

Authenticité dans l'expression : Encourager une expression authentique, qui reflète fidèlement leurs expériences et leur apprentissage, permet aux 3/5 de construire des relations basées sur la vérité et la confiance mutuelle.

En intégrant ces principes, le profil 3/5 peut naviguer plus efficacement dans son parcours unique d'expérimentation et de transformation, tout en gérant les attentes et les projections des autres. En embrassant pleinement leur nature expérimentale et en communiquant avec clarté, ils peuvent réaliser leur potentiel de catalyseurs de changement et d'innovation, apportant des solutions précieuses à la collectivité tout en restant fidèles à leur essence.

Profil 3/6 : Le Martyr Modèle

Le profil 3/6 dans le Human Design combine l'expérimentation constante du Martyr (3) avec la perspective élevée et l'exemplarité du Rôle Modèle (6).

Ce profil unique traverse différentes phases de vie, évoluant de l'expérimentation active vers un rôle plus observateur, pour finalement devenir un guide inspirant pour les autres.

- **Caractéristiques :**

Le testeur : Avec la ligne 3, cette personne est constamment en train d'expérimenter, d'ajuster et de comprendre le monde autour d'elle à travers des expériences pratiques.

Le mentor en devenir : La ligne 6 représente une trajectoire de vie en trois phases : exploration, introspection, et finalement, devenir un modèle. En associant cela avec la ligne 3, cette personne apporte une richesse d'expérience à son rôle futur de mentor.

Influence progressive : À mesure qu'ils vieillissent et passent par les différentes phases de leur vie, les 3/6 gagnent une influence accrue et un potentiel pour devenir de véritables modèles dans leur communauté ou leur domaine d'expertise.

Apprentissage par faire : Ce profil doit littéralement "vivre pour apprendre". Ils incarnent leurs leçons et sont souvent les plus éloquents lorsqu'ils enseignent à partir de leur propre expérience.

Impatience et incertitude : L'une des plus grandes luttes pour le 3/6 est de comprendre que leur cheminement vers devenir un modèle est un processus long et graduel, nécessitant à la fois des échecs et des succès.

Gérer les attentes : Comme ils sont souvent perçus comme des modèles, même dans leurs phases plus jeunes, gérer les attentes des autres peut être difficile.

- **Naviguer les phases de vie avec grâce et résilience**

Phase d'expérimentation (0-30 ans environ) : Durant cette phase, le 3/6 est encouragé à embrasser pleinement l'expérimentation et l'apprentissage par l'essai et l'erreur. La clé est d'accepter les échecs comme des leçons précieuses, permettant de construire une base solide de sagesse et de résilience.

Phase d'observation (environ 30-50 ans) : À cette étape, le 3/6 commence à se retirer des expérimentations actives pour observer et intégrer les leçons apprises. Cette période est cruciale pour la guérison, la réflexion, et l'accumulation de sagesse.

Phase de rôle modèle (après 50 ans) : Avec la maturité et la sagesse accumulées, le 3/6 émerge comme un guide et un modèle pour les autres, partageant son expérience et sa compréhension profonde de la vie de manière plus consciente et efficace.

- **Stratégies pour devenir un guide inspirant pour les autres**

Partage d'expériences : Utilisez vos expériences, tant les réussites que les échecs, comme outils d'enseignement pour inspirer et guider les autres. Votre authenticité et votre vulnérabilité peuvent devenir des sources de force et d'inspiration.

Écoute active et empathie : Développez une capacité à écouter activement et à faire preuve d'empathie. Comprendre les perspectives des autres sans jugement renforce votre rôle de guide fiable et accessible.

Incarner les leçons apprises : Soyez un exemple vivant des leçons que vous enseignez. L'intégrité entre ce que vous dites et ce que vous faites renforce votre crédibilité et inspire le respect et la confiance.

Encourager l'expérimentation chez autrui : En tant que 3/6, encouragez les autres à embrasser leur propre chemin d'expérimentation et d'apprentissage. Partagez l'importance de la résilience et de l'adaptabilité face à l'adversité.

Cultiver la vision à long terme : Avec la perspective élevée du rôle modèle, aidez les autres à voir au-delà des défis immédiats et à reconnaître le potentiel de croissance et de transformation à long terme.

En naviguant avec grâce à travers ces phases de vie et en adoptant ces stratégies, le profil 3/6 peut devenir un guide inspirant, apportant sagesse, espoir et direction à ceux qui cherchent leur propre chemin. Votre voyage, marqué par l'expérimentation et la transformation, devient un témoignage puissant de la capacité humaine à évoluer et à inspirer le changement autour de soi.

Profil 4/1 : L'Opportuniste Investigateur

Le profil 4/1 dans le Human Design fusionne la nature relationnelle de l'Opportuniste avec la curiosité insatiable de l'Investigateur.

Ce mélange unique crée des individus profondément enracinés dans leur quête de connaissance tout en étant capables de tisser des liens significatifs.

Ces personnes construisent des ponts entre le monde des idées et celui des relations humaines, utilisant leur fondation de savoir pour explorer de nouveaux horizons de manière sûre et efficace.

- **Caractéristiques :**

Réseau social : Les individus de ce profil ont tendance à posséder un large réseau de contacts, qu'ils utilisent souvent pour partager des connaissances ou pour bénéficier des opportunités qui se présentent à eux.

Chercheur profond : La ligne 1 implique un besoin de comprendre les fondements et les détails de tout sujet qui les intéresse. Ce ne sont pas des personnes qui prennent des informations à la légère.

Autorité informée : Les personnes du profil 4/1 se nourrissent des deux mondes, utilisant leur réseau pour obtenir des informations et à leur tour, enrichir leur communauté grâce à leur profonde compréhension des sujets.

Médiation et connaissance : Leur capacité à comprendre profondément un sujet tout en maintenant des relations sociales solides fait d'eux d'excellents médiateurs, enseignants, ou conseillers.

Solitude vs socialisation : Bien que la ligne 4 tire beaucoup de satisfaction des interactions sociales, la ligne 1 a besoin de périodes de solitude pour la réflexion et la recherche, créant ainsi un certain tiraillement.

Peur de l'inadéquation : Le besoin de connaissances de la ligne 1 peut parfois conduire à un sentiment d'inadéquation ou à une peur de ne pas être suffisamment informé.

- **Importance de la fondation et de la sécurité dans l'exploration**

Construire sur du concret : Avant de s'aventurer dans de nouvelles explorations, le profil 4/1 s'assure d'avoir une base solide de connaissances. Cette approche assure que leurs explorations ne sont pas seulement des caprices, mais des quêtes éclairées par une compréhension profonde.

Sécurité dans le savoir : Pour le 4/1, la sécurité vient de la connaissance. Ils se sentent le plus à l'aise lorsqu'ils peuvent s'appuyer sur des faits et des données éprouvés. Cela leur permet d'explorer de nouvelles idées avec confiance et d'être des sources de stabilité dans leur réseau.

- **Techniques pour une exploration sûre des nouvelles idées**

Validation croisée : Avant de plonger dans de nouvelles entreprises ou concepts, le 4/1 utilise sa capacité d'investigation pour valider les informations à partir de multiples sources. Cela réduit le risque d'erreurs et renforce la crédibilité de leurs découvertes.

Réseautage stratégique : En utilisant leur don relationnel, les 4/1 peuvent chercher des mentors ou des collaborateurs qui partagent leurs intérêts. Cette communauté de soutien offre une plateforme pour tester des idées dans un environnement sûr et constructif.

Petits pas : L'exploration de nouvelles idées se fait mieux en prenant des petits pas, en évaluant chaque mouvement à la lumière de leur solide base de connaissances. Cette approche permet aux 4/1 de rester enracinés tout en naviguant dans l'inconnu.

Partage des connaissances : En partageant leurs découvertes avec leur réseau, les 4/1 renforcent leur propre compréhension et offrent une valeur ajoutée à leur communauté. Ce processus de partage agit comme une boucle de rétroaction, où ils reçoivent des insights qui peuvent guider leurs futures explorations.

Le profil 4/1 est équipé pour explorer le monde avec curiosité et prudence. En s'appuyant sur une fondation solide de connaissances et en utilisant leurs compétences relationnelles pour créer des liens sécurisés, ils peuvent naviguer dans le paysage des nouvelles idées avec assurance. Cette combinaison d'investigation rigoureuse et de connectivité humaine fait des 4/1 des innovateurs fiables et respectés dans leurs domaines d'intérêt.

Profil 4/6 : L'Opportuniste Modèle

Le profil 4/6 dans le Human Design combine l'énergie relationnelle de l'Opportuniste avec la vision à long terme et la sagesse du Rôle Modèle.

Ce profil est unique en ce qu'il navigue à travers trois phases distinctes de vie, chacune offrant des opportunités de croissance et de développement. Ceux qui incarnent ce profil sont souvent vus comme des ponts entre les gens, utilisant leurs réseaux pour influencer et guider.

- **Caractéristiques :**

Réseau relationnel : Les personnes avec ce profil ont un don pour établir et maintenir des relations. Leur capacité à se connecter avec les autres est une grande partie de leur succès dans la vie.

Évolution et maturité : La ligne 6 indique une vie qui évolue en trois phases. Ce sont des individus qui grandissent constamment, passant d'un état d'exploration, à une période d'observation, puis à une phase de mentorat.

Talents sociaux pour un impact : Grâce à leur aptitude pour la relation et la communication, les personnes du profil 4/6 ont un moyen efficace de partager leur sagesse en devenant des figures d'autorité ou des modèles à suivre.

Appréciation de la communauté : Pour un 4/6, le soutien et les opportunités proviennent souvent de leur réseau social, ce qui peut devenir particulièrement influent à mesure qu'ils se dirigent vers leur phase de mentorat.

Conflit intérieur : Alors que la ligne 4 se nourrit des interactions et des relations, la ligne 6 peut nécessiter des périodes d'isolement et de réflexion, surtout pendant la phase d'observation de la vie.

Gestion des attentes : Devenir un "modèle" peut souvent être accompagné de pressions et d'attentes, non seulement de la part de soi-même mais aussi de la communauté.

▪ Maximiser l'impact à travers des relations significatives

Construire des ponts : Les individus 4/6 excellent dans la création de liens entre les personnes et les idées. Utiliser cette capacité pour construire des réseaux solides et significatifs peut amplifier leur impact sur leur communauté et leur champ d'activité.

Sélectionner les relations : Bien que le profil 4/6 soit naturellement doué pour les relations, il est essentiel de choisir avec discernement avec qui passer du temps et investir de l'énergie. Les relations doivent être nourrissantes et alignées avec les valeurs et les objectifs du 4/6.

▪ Conseils pour une prise de risque calculée dans les affaires

Évaluer les opportunités : Avant de s'engager dans de nouvelles entreprises ou partenariats, le 4/6 doit évaluer soigneusement les opportunités, en considérant leur potentiel à long terme et leur alignement avec les objectifs personnels et professionnels.

Utiliser le réseau pour le soutien : Le réseau d'un 4/6 est une ressource précieuse pour obtenir des conseils et des perspectives avant de prendre des risques. Consulter des confidents de confiance peut fournir des aperçus essentiels et aider à évaluer les risques de manière plus équilibrée.

Phase de rôle modèle : À mesure qu'ils entrent dans leur phase de Rôle Modèle, après avoir traversé les phases d'expérimentation et d'observation, les 4/6 sont mieux équipés pour évaluer quels risques valent la peine d'être pris. Leur expérience accumulée leur permet d'agir avec une plus grande confiance et sagesse.

Partager les apprentissages : En partageant ouvertement leurs expériences, y compris leurs succès et leurs échecs, les 4/6 peuvent devenir des guides inspirants pour les autres. Leur capacité à illustrer le chemin à travers des exemples personnels renforce leur crédibilité et leur impact en tant que modèles pour leur communauté.

Le profil 4/6 est appelé à jouer un rôle influent et inspirant dans son environnement, en maximisant son impact à travers des relations significatives et en naviguant dans le monde des affaires avec une approche équilibrée de la prise de risque. En s'appuyant sur leur réseau et en partageant leur sagesse acquise, ils peuvent guider efficacement les autres tout en réalisant leur propre potentiel de leadership.

Profil 5/1 : L'Hérétique Investigateur

Le profil 5/1 dans le Human Design combine la nature provocatrice de l'Hérétique avec la profondeur de recherche de l'Investigateur, positionnant ces individus comme des figures capables de provoquer le changement tout en étant fondamentalement enracinés dans une connaissance solide.

Cette dynamique crée des personnalités perçues comme des sauveurs ou des réformateurs, mais qui doivent naviguer soigneusement dans les eaux de la projection et des attentes élevées.

- **Caractéristiques :**

Influence et provocation : La ligne 5 a tendance à attirer l'attention et à inciter au changement. Ces individus sont souvent perçus comme des meneurs ou des rebelles, capables de mettre en lumière des vérités inconfortables.

Recherche méticuleuse : La ligne 1 apporte une profondeur et une précision à ce profil, avec un fort désir de comprendre les fondements de tout ce qui les intéresse.

Catalyseur éclairé : Ces personnes ont une capacité unique à utiliser des informations précises et détaillées pour éclairer et motiver les autres. Ils sont souvent à l'origine de changements significatifs, que ce soit dans leur cercle social, leur lieu de travail, ou même à une échelle plus large.

Sélection sociale : Le profil 5/1 peut être sélectif dans ses interactions sociales, cherchant des environnements où ils peuvent à la fois influencer et apprendre.

Attentes et projections : En raison de leur nature provocante et influente, les personnes avec ce profil peuvent parfois se sentir piégées par les attentes ou les projections des autres.

Isolement volontaire : Le désir de connaissances profondes de la ligne 1 peut conduire à des périodes d'isolement pour se concentrer sur la recherche et l'étude, ce qui peut être en contradiction avec le besoin de la ligne 5 d'interagir et de provoquer des changements.

- **Gérer la projection et les attentes dans le rôle de sauveur**

Clarification des rôles : Les 5/1 doivent souvent faire face à des projections qui les placent dans des rôles de sauveurs ou de solutions à tous les problèmes. Il est crucial pour eux de clarifier leurs véritables capacités et limites, évitant ainsi les malentendus et les déceptions.

Gestion des attentes : En communiquant clairement leurs intentions et leurs domaines d'expertise, les 5/1 peuvent gérer efficacement les attentes placées sur eux. Cela implique souvent de définir des frontières saines entre ce qu'ils peuvent offrir et ce qui est hors de leur portée.

- **Stratégies pour une communication qui clarifie les intentions**

Transparence : Les 5/1 bénéficient d'une communication transparente et directe, qui dissipe les illusions et présente une image fidèle de leurs intentions et capacités. Cela aide à construire des relations basées sur la confiance et le respect mutuel.

Éducation et partage de connaissances : En partageant ouvertement leurs connaissances et leur expertise, les 5/1 peuvent établir une autorité basée sur la vérité et non sur des idéalisations. Cela leur permet de rediriger les attentes vers des résultats réalistes et atteignables.

Réponse aux projections : Lorsqu'ils sont confrontés à des projections ou des attentes irréalistes, les 5/1 peuvent utiliser leur capacité d'investigation pour questionner et explorer les fondements de ces projections. Cela les aide à démanteler les mythes et à recentrer la conversation sur des bases plus solides.

Affirmation des limites : Il est essentiel pour les 5/1 d'affirmer leurs limites, surtout lorsqu'ils sont perçus comme des figures capables de résoudre tous les problèmes. En étant clairs sur ce qu'ils peuvent et ne peuvent pas faire, ils préservent leur énergie et maintiennent leur intégrité.

Le profil 5/1 occupe une position unique dans le Human Design, capable d'inspirer et de motiver les autres tout en étant ancré dans une connaissance approfondie. En gérant soigneusement les projections et en communiquant de manière transparente, ils peuvent naviguer avec succès dans le rôle complexe qui leur est souvent attribué, servant de catalyseurs pour le changement tout en restant fidèles à leur essence.

Profil 5/2 : L'Hérétique Ermite

Le profil 5/2 dans le Human Design mélange la nature provocatrice de l'Hérétique avec la tendance à l'isolement de l'Hermite, créant une dynamique unique où le besoin d'intimité et le potentiel d'impact public doivent être soigneusement équilibrés.

Les personnes avec ce profil sont souvent vues comme des figures de changement ou des sauveurs potentiels, tout en ayant un besoin intrinsèque de retrait et de solitude pour se ressourcer.

- **Caractéristiques :**

Influence et retraite : La ligne 5 est souvent perçue comme un meneur ou un catalyseur de changement, attirant l'attention et l'énergie des autres. La ligne 2, cependant, préfère souvent la solitude et l'indépendance, ce qui crée une tension intéressante dans ce profil.

Profondeur intérieure : La ligne 2 apporte une dimension intérieure et introspective, créant une sorte de "sagesse silencieuse" qui peut devenir manifeste lorsque l'individu décide d'interagir avec le monde extérieur.

Changement calculé : Ce profil peut agir comme un catalyseur de changement, mais de manière plus sélective et intentionnelle par rapport à d'autres profils. L'isolement est souvent nécessaire pour rassembler des idées avant de les partager.

Leader : Les personnes 5/2 peuvent être appelées à des rôles de leadership ou d'influence, même si elles n'en cherchent pas activement.

Attentes et projections : Comme le profil 5/1, le profil 5/2 peut se sentir accablé par les attentes ou les projections des autres, surtout parce qu'il préfère la solitude et le temps seul pour la réflexion.

Conflit intérieur : La tension entre le besoin d'interaction (ligne 5) et le besoin d'isolement (ligne 2) peut créer des conflits émotionnels et sociaux.

▪ Équilibrer le besoin d'isolement avec l'impact public

Gestion du Temps et de l'Espace : Il est crucial pour les 5/2 de s'accorder des périodes d'isolement régulières pour la réflexion et la recharge. Cela leur permet de maintenir leur bien-être tout en répondant aux attentes de leur rôle public.

Clarification des rôles : Les 5/2 bénéficient de définir clairement quand et comment ils sont prêts à être impliqués dans des projets ou des causes publiques. Cela aide à gérer les attentes des autres et à préserver leur propre équilibre.

▪ Conseils pour choisir les bonnes invitations et engagements

Évaluation sélective : Les 5/2 doivent exercer un discernement aigu lorsqu'ils reçoivent des invitations ou des propositions d'engagement. Ils devraient considérer non seulement l'alignement avec leurs intérêts et capacités, mais aussi l'impact potentiel sur leur besoin d'isolement.

Écoute intérieure : L'autorité intérieure joue un rôle clé dans la sélection des engagements. Les 5/2 doivent se fier à leur guidance interne pour distinguer les opportunités qui enrichiront leur vie des celles qui pourraient les épuiser ou les distraire de leur chemin.

Communication des besoins : Il est essentiel que les 5/2 communiquent ouvertement leurs besoins et limites à ceux qui les invitent à s'engager. Cela inclut la nécessité d'espaces de solitude et la préférence pour des engagements qui respectent leur intégrité et leur rythme personnel.

Priorisation de l'authenticité : Les 5/2 doivent privilégier les engagements qui leur permettent de rester fidèles à eux-mêmes, plutôt que de céder à la pression de répondre aux attentes ou aux projections des autres.

Le profil 5/2 occupe une position unique de potentiel d'impact significatif, tout en nécessitant des périodes d'isolement pour maintenir leur intégrité et leur énergie. En naviguant soigneusement entre ces deux besoins, les 5/2 peuvent maximiser leur contribution au monde tout en restant fidèles à leur essence. La clé réside dans une sélection judicieuse des engagements, une communication claire de leurs besoins, et une écoute attentive de leur autorité intérieure pour guider leurs choix.

Profil 6/2 : Le Modèle Ermite

Le profil 6/2 dans le Human Design, combinant le Rôle Modèle (ligne 6) et l'Ermite (ligne 2), incarne une trajectoire de vie unique, caractérisée par trois phases distinctes : l'expérimentation, l'observation, et finalement, l'incarnation du rôle de modèle.

Ce profil navigue entre le besoin de solitude pour la croissance personnelle et l'appel à servir de guide ou d'exemple pour les autres.

- **Caractéristiques :**

Observateur sage : Les individus 6/2 ont tendance à observer et apprendre de la vie autour d'eux. Ils peuvent avoir une aura de sagesse qui attire les autres.

Besoin d'isolement : La ligne 2, l'Ermite, apporte une dimension de retrait et d'isolement, créant un besoin de solitude pour se ressourcer et réfléchir.

Phases de vie : Les personnes 6/2 passent généralement par une première phase de vie expérimentale, suivie d'une phase d'observation et enfin d'une phase de "modélisation" où elles deviennent un exemple pour les autres.

Introspection profonde : Grâce à leur tendance à la solitude (ligne 2), ils peuvent approfondir leur compréhension de la vie et d'eux-mêmes, ce qui enrichit leur rôle de modèle (ligne 6).

Détachement : La ligne 6 peut parfois sembler distante ou détachée, ce qui, combiné avec le besoin de solitude de la ligne 2, peut créer des défis dans les relations intimes.

Responsabilités : En raison de leur aura de "modèle", les autres peuvent leur attribuer des responsabilités ou des attentes qu'ils n'ont pas nécessairement demandées.

▪ Transition du personnel à l'universel dans la contribution

Les trois phases de vie : Les individus 6/2 passent par une première phase d'expérimentation et d'expérience personnelle, souvent marquée par des hauts et des bas. La deuxième phase est une période d'observation et de recul, où ils intègrent leurs expériences. Enfin, la troisième phase les voit émerger comme des modèles pour les autres, partageant leur sagesse accumulée.

De l'expérimentation à l'exemplarité : La transition de la phase expérimentale à celle de modèle pour les autres est un processus naturel pour les 6/2. Ils utilisent leur vécu, souvent riche en leçons, pour guider et inspirer les autres, incarnant des principes universels à travers leur exemple personnel.

▪ Techniques pour guider les autres tout en préservant l'espace personnel

Sélectionner les invitations : Les 6/2 doivent être sélectifs quant aux invitations et engagements qu'ils acceptent, privilégiant ceux qui résonnent avec leur phase de vie actuelle et leur permettent de maintenir leur nécessaire solitude pour la réflexion et la recharge.

Établir des limites claires : La communication de frontières claires est essentielle pour équilibrer leur rôle public et leur besoin d'isolement. Cela leur permet de rester fidèles à eux-mêmes tout en étant disponibles pour ceux qui cherchent leur guidance.

Partager la sagesse avec authenticité : En partageant ouvertement leurs expériences et ce qu'ils ont appris, les 6/2 peuvent offrir des perspectives précieuses sans compromettre leur intégrité ou leur espace personnel.

Utiliser les médias et plateformes sélectivement : Les technologies modernes et les plateformes en ligne offrent aux 6/2 des moyens de partager leur sagesse à grande échelle tout en contrôlant leur engagement et en préservant leur solitude.

Le profil 6/2 incarne la sagesse née de l'expérience personnelle transformée en enseignements universels. En naviguant adroitement entre leur besoin d'isolement et leur désir de contribuer au bien collectif, ils servent de phares, guidant les autres vers la croissance et l'autonomisation tout en restant fidèles à leur parcours individuel unique.

Profil 6/3 : Le Modèle Martyr

Le profil 6/3 dans le Human Design, associant le Rôle Modèle (ligne 6) et le Martyr (ligne 3), offre une perspective riche sur l'expérience humaine, caractérisée par un voyage de l'expérimentation intense à la sagesse profonde.

Ce profil unique vit d'abord dans l'expérimentation directe et parfois tumultueuse, avant de s'élever dans la dernière phase de sa vie en tant que sage qui partage ses enseignements tirés des nombreuses épreuves traversées.

▪ Caractéristiques :

Quête de sagesse : La ligne 6 aspire à devenir un modèle de vertu et de sagesse pour les autres, souvent après une période d'observation et de retrait.

Expérimentateur inné : La ligne 3 est axée sur l'apprentissage par l'essai et l'erreur, ce qui apporte une dynamique d'expérimentation et de découverte.

Phases de vie : Tout comme le profil 6/2, les personnes avec un profil 6/3 ont également trois phases de vie. La première phase est souvent marquée par des expérimentations intenses et des erreurs (ligne 3), suivies d'une phase d'observation et de maturation.

Engagement avec le monde : La ligne 3 pousse la personne à s'engager activement avec le monde pour tester ses théories et ses intuitions, tandis que la ligne 6 peut, en vieillissant, chercher à transmettre la sagesse acquise à travers ces expériences.

Conflictuel interne : Il peut y avoir un conflit interne entre le désir d'être un modèle de sagesse (ligne 6) et la nature expérimentale qui comporte des erreurs et des ratés (ligne 3).

Vulnérabilité aux jugements : Les erreurs et les expérimentations de la ligne 3 peuvent parfois être jugées durement par les autres, ce qui peut être difficile à concilier avec l'aspiration à être un "modèle".

▪ Le Voyage de l'expérimentateur au sage

Les phases de la vie du 6/3 : Les individus avec ce profil traversent une première phase de vie où l'expérimentation et l'apprentissage par l'erreur sont fréquents. La deuxième phase est marquée par une certaine retraite et observation, une période de guérison et d'introspection. Dans la troisième et dernière phase, ils émergent en tant que guides sages, utilisant leur expérience pour éclairer et conseiller les autres.

De l'erreur à l'enseignement : Le passage des erreurs personnelles à la sagesse universellement applicable est une transition clé pour les 6/3. Ils apprennent non seulement de leurs propres expériences mais aussi des expériences des autres, ce qui enrichit leur capacité à servir d'exemples vivants pour ceux qui cherchent à évoluer.

■ Conseils pour partager les leçons apprises avec authenticité

Authenticité dans le partage : Lorsque les 6/3 partagent leurs leçons, il est crucial qu'ils le fassent avec une honnêteté brutale et une authenticité. Leur capacité à être vulnérables sur leurs échecs et leurs découvertes rend leur guidance d'autant plus puissante.

Sélectivité des plateformes de partage : Choisir les bons canaux pour partager leur sagesse est important. Que ce soit à travers des écrits, des conférences, ou des interactions plus intimes, trouver le moyen qui résonne le plus avec leur vérité permettra une transmission plus efficace.

Encourager l'expérimentation chez les autres : Les 6/3 peuvent inspirer les autres à embrasser leur propre parcours d'expérimentation, en soulignant l'importance des erreurs dans le processus d'apprentissage et de croissance.

Créer des espaces sécurisés pour l'échec : En reconnaissant la valeur des échecs, les 6/3 peuvent aider à créer des environnements où les autres se sentent libres d'expérimenter et d'apprendre de leurs erreurs sans jugement.

Le profil 6/3 est un témoignage de la beauté inhérente à l'expérience humaine, avec ses hauts et ses bas. En partageant leurs histoires et leurs leçons de vie, ils offrent des aperçus précieux sur la résilience, la transformation, et le potentiel de croissance qui réside dans chaque expérience, bonne ou mauvaise. Leur voyage de l'expérimentateur au sage est un puissant rappel que chaque étape de notre parcours est essentielle à notre évolution.

Communication et influence selon votre profil

Pourquoi adapter sa communication selon son Profil ?

La communication est un art subtil qui ne se résume pas uniquement aux mots que l'on prononce, mais aussi à la manière dont on les exprime et au moment où on les partage. Dans le Human Design, votre Profil influence directement votre style de communication et votre impact sur les autres.

✔ Certains Profils sont faits pour initier, d'autres pour attendre les bonnes opportunités.
✔ Certains sont prudents et analytiques, d'autres dynamiques et expérimentaux.
✔ Comprendre son style naturel de communication permet de mieux interagir, être plus efficace et éviter les incompréhensions.

Le but n'est pas d'essayer de "parler comme un autre Profil", mais de respecter votre nature profonde pour communiquer avec plus de fluidité et d'impact.

Techniques de communication spécifiques pour chaque profil

Chaque Profil a sa manière unique d'entrer en relation avec les autres et de partager ses idées. Voici les meilleures stratégies de communication adaptées à chaque Profil :

1/3 et 1/4 : L'Investigateur/Martyr & L'Investigateur/Opportuniste
Comment ils communiquent ?
- Fondés sur la connaissance, la profondeur et l'expertise.
- Leur besoin de sécurité intérieure passe par la maîtrise d'un sujet avant de s'exprimer.
- Ils préfèrent structurer leur pensée avant de partager leurs idées.

Conseils pour une communication efficace :
- Préparer avant de parler, pour se sentir en confiance.
- Rester ouvert aux retours, sans voir les critiques comme une remise en question.
- Partager leurs connaissances avec pédagogie, en les adaptant à leur interlocuteur.

⚠️ Écueil à éviter : Être trop rigide dans leur manière de penser, ce qui peut donner l'impression d'un manque d'adaptabilité.

2/4 et 2/5 : L'Ermite/Opportuniste & L'Ermite/Hérétique
Comment ils communiquent ?
- Une approche intuitive et inspirée.
- Ils ne forcent pas la communication, elle vient naturellement lorsqu'ils se sentent à l'aise.
- Ils communiquent mieux lorsqu'ils sont reconnus et sollicités par les autres.

Conseils pour une communication efficace :
- Accepter d'être sollicité et invité à partager, sans se forcer à initier.
- Ne pas sous-estimer leur impact, car leur talent peut inspirer et guider les autres.
- Utiliser leur intuition pour choisir le bon moment et le bon contexte pour parler.

⚠️ Écueil à éviter : Se replier trop longtemps dans leur bulle et ne pas répondre aux sollicitations qui pourraient leur ouvrir des opportunités.

3/5 et 3/6 : Le Martyr/Hérétique & Le Martyr/Rôle Modèle
Comment ils communiquent ?
- Basés sur l'expérimentation et l'apprentissage par l'expérience.
- Ils convainquent en partageant leurs histoires personnelles de transformation.
- Leur communication est dynamique, spontanée et authentique.

Conseils pour une communication efficace :
- Utiliser le storytelling, car leur vécu inspire naturellement.
- Assumer les leçons tirées des erreurs, sans craindre d'être jugé.
- Clarifier leurs intentions pour éviter les malentendus (surtout pour les 3/5).

⚠ Écueil à éviter : Donner l'impression d'être instable ou de changer trop souvent d'avis, ce qui peut troubler leur auditoire.

4/6 et 4/1 : L'Opportuniste/Rôle Modèle & L'Opportuniste/Investigateur

Comment ils communiquent ?
- Leur force réside dans leur réseau et leur capacité à créer du lien.
- Ils influencent les autres grâce à leur présence et à leur authenticité.
- Ils ont besoin d'un cadre de confiance pour s'exprimer pleinement.

Conseils pour une communication efficace :
- S'entourer d'un réseau de confiance, car leur parole a plus d'impact auprès de leur cercle proche.
- Miser sur les relations durables, plutôt que sur des interactions superficielles.
- Être attentifs à leur manière d'influencer, pour qu'elle reste alignée et bienveillante.

⚠ Écueil à éviter : Rester enfermé dans un cercle trop restreint et ne pas oser aller au-delà de leur zone de confort.

5/1 et 5/2 : L'Hérétique/Investigateur & L'Hérétique/Ermite

Comment ils communiquent ?
- Ils attirent naturellement l'attention et sont projetés comme des figures de solution.
- Ils doivent apprendre à gérer les attentes et projections des autres.
- Leur message doit être clair, structuré et efficace.

Conseils pour une communication efficace :
- Fixer des limites claires pour éviter d'être sur-sollicité.
- Éviter les zones de flou et bien définir leurs intentions.
- Ne pas se sentir obligé d'être le "sauveur" de tout le monde.

⚠ Écueil à éviter : Se retrouver à gérer des attentes irréalistes qui ne leur correspondent pas.

6/2 et 6/3 : Le Rôle Modèle/Ermite & Le Rôle Modèle/Martyr

Comment ils communiquent ?
- Leur communication évolue au fil des phases de leur vie.
- Ils deviennent des figures d'inspiration et de sagesse.

- Ils ont besoin d'introspection et de recul avant de s'exprimer.

<u>Conseils pour une communication efficace</u> :
- Partager leurs expériences de manière réfléchie, car elles ont un impact puissant sur les autres.
- Respecter leur besoin de solitude et ne pas se forcer à être toujours disponibles.
- Utiliser leur vision globale pour guider les autres, sans chercher à imposer leur vérité.

⚠️ <u>Écueil à éviter</u> : Se sentir obligé de jouer un rôle avant d'être prêt ou ne pas reconnaître l'impact de leur parole.

Authenticité et adaptabilité dans la communication

Pourquoi l'authenticité est essentielle ?
- Être vrai évite les conflits et malentendus.
- Une communication sincère est toujours mieux reçue.
- Cela permet d'attirer les bonnes interactions et opportunités.

Pourquoi l'adaptabilité est un atout ?
- Chaque interaction est différente, il faut savoir s'adapter au contexte et aux interlocuteurs.
- Comprendre son propre style de communication permet de mieux interagir avec les autres Profils.

Un Profil 1/3 ne communiquera pas de la même manière qu'un 5/1 ou qu'un 2/4. Se connaître et comprendre les autres facilite la fluidité des échanges.

Ce qu'il faut retenir :
✔ Chaque Profil a son propre style de communication.
✔ Il est essentiel d'assumer sa nature au lieu d'essayer de correspondre à un autre modèle.
✔ En comprenant les nuances de votre communication, vous pouvez optimiser vos relations et votre impact.

Observez comment vous communiquez naturellement, testez différentes approches et ajustez selon ce qui résonne le plus avec votre énergie.

4. Maximiser son impact avec son profil

Pourquoi aligner votre contribution avec votre profil ?

Votre Profil Human Design est la clé pour comprendre comment vous interagissez avec le monde et comment vous pouvez maximiser votre influence et votre impact professionnel et personnel.

Pourquoi est-ce si important ?
- Votre Profil définit votre manière d'apprendre, de communiquer et d'inspirer les autres.
- Il vous permet d'optimiser votre travail, vos relations et votre alignement personnel.
- Il vous aide à éviter les pièges du conditionnement et à honorer votre nature profonde.

L'objectif, ici, est de vivre et travailler en cohérence avec votre nature profonde pour un impact positif et durable.

Identifier et utiliser vos forces uniques

Chaque Profil en Human Design combine deux Lignes, qui influencent votre approche du monde, votre mode de communication et votre style d'apprentissage.

Stratégie pour exploiter ses forces naturelles :

✔ Reconnaître ses talents innés → Se poser la question : "Qu'est-ce que je fais naturellement bien, sans effort ?"
✔ Appliquer ses talents dans son quotidien → Trouver des opportunités où ses forces sont mises en valeur.
✔ Développer ses compétences → Affiner son potentiel à travers l'expérience et l'apprentissage.

Profils 1/3 et 1/4 : L'Investigateur/Martyr & L'Investigateur/Opportuniste

Forces naturelles :
- Excellente capacité d'apprentissage et de recherche approfondie.
- Besoin de stabilité et de bases solides avant d'agir.
- Fiabilité et expertise.

Comment maximiser votre impact ?
- Devenir une référence dans votre domaine grâce à votre maîtrise du savoir.
- Partager vos connaissances sous forme de formations, livres, contenus éducatifs.
- Utiliser votre réseau (1/4) pour transmettre vos apprentissages aux bonnes personnes.

Application professionnelle idéale : Recherche, analyse, enseignement, conseil stratégique.

Profils 2/4 et 2/5 : L'Ermite/Opportuniste & L'Ermite/Hérétique

Forces naturelles :
- Talent inné et intuitif.
- Besoin d'espace personnel (2) mais forte influence sociale (4 et 5).
- Attire les opportunités sans effort.

Comment maximiser votre impact ?
- Ne pas forcer les choses, attendre d'être reconnu et invité.
- Accepter les opportunités qui viennent du réseau (2/4) ou des projections extérieures (2/5).
- Équilibrer solitude et interactions pour éviter l'épuisement.

Application professionnelle idéale : Coaching, mentorat, création artistique, leadership inspiré.

Profils 3/5 et 3/6 : Le Martyr/Hérétique & Le Martyr/Rôle Modèle

Forces naturelles :
- Apprentissage par l'expérimentation et les essais-erreurs.
- Vision réaliste et capacité à résoudre les problèmes.
- Influence et capacité à guider les autres à travers l'expérience vécue.

Comment maximiser votre impact ?
Accepter le rôle d'expérimentateur et de guide → Partager vos

expériences, même celles issues d'échecs.

Ne pas craindre d'être un modèle malgré les erreurs → Les autres apprennent à travers vous.

Mettre en place des solutions pratiques et innovantes.

<u>Application professionnelle idéale</u> : Entrepreneuriat, consulting, innovation, transformation personnelle.

Profils 4/6 et 4/1 : L'Opportuniste/Rôle Modèle & L'Opportuniste/Investigateur

<u>Forces naturelles</u> :
- Influence et capacité à créer des relations fortes.
- Besoin de stabilité et de structures solides.
- Vision à long terme et rôle de guide naturel.

<u>Comment maximiser votre impact ?</u>
- Construire des relations solides pour diffuser des idées et fédérer des communautés.
- Utiliser votre capacité d'investigation (4/1) pour créer des bases solides.
- Guider les autres à travers votre propre transformation (4/6).

<u>Application professionnelle idéale</u> : Leadership, gestion de réseau, mentorat, développement personnel.

Profils 5/1 et 5/2 : L'Hérétique/Investigateur & L'Hérétique/Ermite

Forces naturelles :
- Capacité à proposer des solutions innovantes.
- Leadership naturel et influence.
- Besoin d'équilibrer présence publique et temps de recul.

<u>Comment maximiser votre impact ?</u>

Fixer des limites claires pour éviter d'être submergé par les attentes des autres.

Se positionner comme leader ou expert en structurant son message avec précision.

Accepter que les autres projettent sur vous et choisir avec soin ce que vous acceptez.

<u>Application professionnelle idéale</u> : Conseil stratégique, direction d'entreprise, leadership d'opinion.

Profils 6/2 et 6/3 : Le Rôle Modèle/Ermite & Le Rôle Modèle/Martyr

Forces naturelles :
- Parcours en trois phases : expérimentation, retrait, exemplarité.
- Sage et visionnaire naturel.
- Capacité à enseigner par l'exemple.

Comment maximiser votre impact ?
- Attendre de traverser les expériences avant d'enseigner.
- Partager des leçons de vie avec authenticité.
- Accepter d'être un guide tout en respectant son besoin de solitude.

Application professionnelle idéale : Coaching, formation, leadership éclairé.

.

Stratégies pour aligner votre contribution avec votre profil

Choisir une carrière et des projets alignés avec votre Profil
Sélectionnez des opportunités qui respectent votre énergie et vos talents naturels.
Exemple : Un 5/1 excelle dans les rôles d'expert et de solutionneur de problèmes, tandis qu'un 4/6 brille dans les rôles relationnels et mentoraux.

Adapter votre communication
Ajustez votre message selon votre style de communication naturel.
Exemple : Un 3/5 partagera des expériences vécues, tandis qu'un 2/4 attendra d'être sollicité avant d'exprimer son savoir.

Construire un réseau aligné
Entourez-vous de personnes qui comprennent et complètent votre énergie.
Exemple : Un 4/1 construira un réseau stable tandis qu'un 5/2 choisira prudemment ses interactions.

Définir votre leadership
Exprimez votre influence de manière authentique et alignée.
<u>Exemple</u> : Un 6/2 inspirera par son exemplarité, tandis qu'un 5/1 se positionnera comme leader pragmatique.

Équilibrer engagement et repos
Respectez vos cycles d'énergie pour éviter l'épuisement.
<u>Exemple</u> : Un 2/5 a besoin de temps de solitude pour se ressourcer, tandis qu'un 4/6 doit nourrir ses relations pour se sentir épanoui.

Votre Profil est un guide vers une vie plus fluide et plus alignée. Expérimentez, observez et ajustez votre chemin en conséquence !

Intégrer son profil et s'aligner avec son design
Nous avons exploré l'impact des Profils, leur influence sur nos relations, notre communication et notre positionnement dans le monde.

Ce qu'il faut retenir :
- ✔ Votre Profil reflète votre manière d'évoluer et d'interagir avec le monde.
- ✔ Il est un outil puissant pour mieux comprendre vos forces et défis.
- ✔ En l'alignant avec votre Stratégie et votre Autorité, vous optimisez votre succès et bien-être.

Votre rôle est unique. Expérimentez votre Profil et observez comment il façonne votre chemin de vie.

CHAPITRE 5

INTÉGRATION
MISE EN PRATIQUE

Comprendre votre Type, Stratégie, Autorité et Profil est une première étape essentielle dans votre voyage avec le Human Design. Cependant, la véritable transformation vient de l'expérimentation et de l'intégration.

Pourquoi cette phase est cruciale ?
- Le Human Design est un outil d'expérimentation : ce n'est pas juste une théorie, mais un système à incarner.
- Se connaître ne suffit pas : il faut appliquer ce que l'on apprend dans la vie quotidienne.
- Le déconditionnement est un processus progressif : il demande de l'observation, de la patience et de la pratique.

Cette section vous guidera pour intégrer le Human Design à votre vie et expérimenter pleinement votre unicité.

Combiner Type, Stratégie, Autorité et Profil

Pourquoi est-il essentiel d'intégrer tous ces éléments ensemble ?

Le Human Design est un système holistique où chaque élément joue un rôle clé dans votre alignement et votre bien-être. Connaître son Type, sa Stratégie, son Autorité et son Profil individuellement est important, mais c'est en les combinant que vous accédez à une compréhension complète de votre fonctionnement.

Pourquoi est-ce essentiel ?
- Votre Type définit votre aura et la manière dont vous interagissez avec le monde.
- Votre Stratégie est le mode d'emploi qui vous aide à prendre les bonnes opportunités et à éviter la résistance.
- Votre Autorité est votre boussole intérieure qui vous guide vers les décisions alignées.
- Votre Profil reflète votre rôle naturel, la manière dont vous apprenez, enseignez et impactez les autres.

Lorsque ces éléments sont alignés, vous entrez dans un flow naturel, où la vie devient plus fluide et les décisions plus évidentes.

Comment Intégrer ces quatre éléments pour un alignement complet ?

Il est important de comprendre comment ces éléments fonctionnent ensemble et comment les appliquer concrètement dans votre quotidien.

▶ Le TYPE : Votre Signature énergétique

Définit votre aura et votre manière d'interagir avec le monde.
- <u>Générateurs & MG</u> → Aiment répondre aux sollicitations de la vie plutôt que d'initier.
- <u>Projecteurs</u> → Doivent attendre d'être reconnus et invités avant d'agir.
- <u>Manifesteurs</u> → Peuvent initier librement, mais doivent informer pour éviter la résistance.
- <u>Réflecteurs</u> → Attendent 28 jours pour prendre des décisions majeures, influencés par l'environnement.

Si vous ne respectez pas votre Type, vous ressentez de la frustration, de la colère, de l'amertume ou de la déception.

▶ La STRATÉGIE : Le mode d'emploi pour la fluidité

Chaque Type a une Stratégie qui lui permet d'interagir de manière harmonieuse avec le monde.
- Un <u>Générateur/MG</u> qui initie sans attendre un stimulus extérieur se retrouve souvent bloqué.
- Un <u>Projecteur</u> qui force les choses sans invitation ressent de la résistance et de l'amertume.
- Un <u>Manifesteur</u> qui n'informe pas des changements qu'il veut initier génère des conflits.
- Un *Réflecteur* qui ne prend pas le temps d'observer les cycles lunaires peut regretter ses choix.

Respecter sa Stratégie permet d'éviter la résistance et d'attirer naturellement les bonnes opportunités.

▶ L'AUTORITÉ : Votre mécanisme de prise de décision

Elle permet d'affiner la Stratégie et d'aligner les décisions avec votre véritable nature.
- <u>Générateur</u> avec Autorité Sacrale → Ne doit pas réfléchir trop

longtemps : il doit écouter sa réponse corporelle(uh-huh / uh-uh).
• <u>Projecteur</u> avec Autorité Splénique → Doit suivre son intuition immédiate, sans essayer de l'analyser.
• <u>Manifesteur</u> avec Autorité Émotionnelle → Ne doit pas prendre de décisions sur un coup de tête, mais attendre la clarté émotionnelle.
• <u>Réflecteur</u> avec Autorité Lunaire → Ne peut pas prendre de décisions rapides, il doit se laisser traverser par les cycles lunaires.
L'Autorité est votre GPS intérieur. Respecter sa guidance vous permet d'éviter des choix dictés par le conditionnement et de suivre votre propre voie.

▶ Le PROFIL : Le rôle que vous incarnez dans le monde

Votre Profil influence votre manière d'apprendre, de partager et d'interagir avec les autres.
• Un Profil 1/3 (Investigateur/Martyr) a besoin d'apprendre en profondeur avant d'expérimenter et de partager.
• Un Profil 2/4 (Ermite/Opportuniste) fonctionne par talent naturel et opportunités relationnelles.
• Un Profil 5/1 (Hérétique/Investigateur) attire les autres grâce à sa capacité à résoudre les problèmes, mais doit gérer la pression des projections extérieures.
• Un Profil 6/3 (Rôle Modèle/Martyr) passe par plusieurs phases de vie avant d'incarner pleinement son rôle de guide.
Votre Profil vous aide à comprendre comment vous influencez les autres et comment vous exprimer de manière authentique.

Comment appliquer cette intégration dans la vie quotidienne ?
Exercice Pratique : L'alignement en action
Objectif : Observer et tester comment Type, Stratégie, Autorité et Profil fonctionnent ensemble.

Pendant une semaine, prenez une décision importante en suivant chaque étape :
- Appliquez votre Stratégie avant d'agir (attendre une réponse, une invitation, informer, observer un cycle lunaire).
- Utilisez votre Autorité pour valider votre décision.
- Observez comment votre Profil influence votre manière d'agir.

Exemple d'application :
Un Projecteur 2/5 avec une Autorité Émotionnelle doit :

- Attendre une invitation avant d'agir (Stratégie).
- Ne pas répondre immédiatement, mais attendre sa clarté émotionnelle (Autorité).
- Respecter son besoin d'isolement et d'introspection avant de partager son savoir (Profil 2/5).

En appliquant ces principes, vous constaterez un alignement plus fluide et des résultats plus harmonieux dans votre vie.

Ce qu'il faut retenir :
✔ Votre Type détermine votre interaction avec le monde.
✔ Votre Stratégie vous aide à naviguer sans résistance.
✔ Votre Autorité vous guide vers des décisions justes.
✔ Votre Profil influence votre manière d'apprendre et d'impacter les autres.

Lorsque ces éléments sont alignés, la vie devient plus fluide, plus simple et plus authentique.

Votre Design est un guide vers votre pleine expression. Expérimentez, ajustez et observez la transformation qui s'opère !

Exemple d'application

L'application concrète du Human Design repose sur l'expérimentation et l'observation de son propre fonctionnement. Prenons deux exemples détaillés pour comprendre comment chaque élément (Type, Stratégie, Autorité et Profil) interagit et influence notre quotidien.

CAS 1 : Générateur 1/3 avec une Autorité Sacrale

TYPE Générateur → Son aura est ouverte et enveloppante, conçue pour attirer et répondre aux stimuli de la vie.

STRATÉGIE : Attendre de répondre aux sollicitations extérieures
Un Générateur n'est pas conçu pour initier, mais pour répondre à ce qui lui vient naturellement.
Si un Générateur essaie d'initier sans avoir un stimulus extérieur, il risque de rencontrer de la résistance et de la frustration.

<u>Exemple de mise en pratique :</u>
☒ Désalignement : Il décide un matin de créer un projet sans attendre de ressenti sacral clair, mais seulement parce qu'il pense que ce serait "une bonne idée". Il commence, mais rapidement, il ressent une perte de motivation et de l'épuisement.
☑ Alignement : Il reçoit une demande d'un client ou une question qui éveille en lui une sensation d'expansion et d'enthousiasme. Il suit cette réponse sacrale positive, et son énergie se maintient naturellement dans le projet.

AUTORITÉ : Prendre ses décisions en écoutant son "uh-huh" ou "uh-uh" intérieur
Un Générateur Sacral prend ses décisions à travers des signaux corporels immédiats :
"Uh-huh" (OUI) → Sensation de traction, excitation, ouverture corporelle.
"Uh-uh" (NON) → Sensation de lourdeur, blocage, fermeture énergétique.
<u>Exemple de mise en pratique :</u>
☒ Désalignement : Quelqu'un lui propose une opportunité de travail, et il hésite mentalement au lieu d'écouter son corps. Il accepte parce qu'il "pense" que c'est une bonne opportunité, mais rapidement, il ressent de la frustration et un manque d'engagement.
☑ Alignement : Il prend un moment pour écouter sa réponse sacrale. Son corps lui envoie un signal "uh-huh"(enthousiasme) → Il sait alors que c'est le bon choix.

PROFIL: Approfondir chaque sujet et apprendre par l'expérience (1/3)
Le 1/3 est un profil qui fonctionne par recherche et expérimentation.
La Ligne 1 (Investigateur) a besoin d'une base solide avant d'agir. Elle adore étudier, approfondir et se sentir préparée.
La Ligne 3 (Martyr) apprend par l'expérience et l'essai-erreur. Son apprentissage vient de ce qui fonctionne et ce qui ne fonctionne pas.
<u>Exemple de mise en pratique :</u>
☒ Désalignement : Il se lance dans un projet sans se renseigner ni expérimenter progressivement, et lorsqu'il rencontre un obstacle, il abandonne par frustration.
☑ Alignement : Il prend le temps d'apprendre et de tester en petites étapes, acceptant que l'échec fait partie du processus

d'apprentissage. Il apprend mieux en faisant, et non en suivant uniquement la théorie.

Le Chemin Aligné du Générateur 1/3 avec Autorité Sacrale
- Il attend un stimulus extérieur avant d'agir.
- Il écoute sa réponse sacrale pour prendre ses décisions.
- Il s'engage pleinement dans des sujets qui le passionnent, en apprenant par essais-erreurs.
- Il accepte que son chemin d'apprentissage soit fait d'expérimentations et d'ajustements.

S'il respecte ces principes, il ressent de la satisfaction. Sinon, il expérimente de la frustration.

CAS 2 : Projecteur 5/1 avec une Autorité Splénique
TYPE : Projecteur → Son aura est focalisée et pénétrante, conçue pour gérer et guider l'énergie des autres.

STRATÉGIE: Attendre d'être invité et reconnu avant d'agir
Contrairement aux Générateurs, les Projecteurs ne sont pas là pour agir spontanément ou forcer les choses. Ils brillent lorsqu'ils sont reconnus et invités.

Exemple de mise en pratique :
☒ Désalignement : Il tente de donner des conseils à quelqu'un sans y être invité → La personne ne l'écoute pas ou se sent envahie.
☒ Alignement : Il attend une invitation explicite : "Peux-tu m'aider sur ce sujet ?" → Il se sent écouté et valorisé.

AUTORITÉ : Écouter son intuition immédiate et subtile
L'Autorité Splénique est basée sur l'instinct immédiat. Contrairement à une Autorité Émotionnelle qui demande d'attendre la clarté, le Projecteur Splénique doit faire confiance à son ressenti du moment.

Exemple de mise en pratique :
☒ Désalignement : Il prend une décision en y réfléchissant trop longtemps, essayant de trouver une explication rationnelle, et finit par ignorer son premier instinct.
☒ Alignement : Il écoute son intuition instantanée, qui lui donne un signal immédiat de sécurité ou de danger. Si quelque chose lui semble "bizarre" ou "pas juste" dès le début, il s'y fie.

PROFIL : Utiliser son charisme naturel pour apporter des solutions aux autres, tout en clarifiant les attentes projetées sur lui (5/1)
Le 5/1 est un profil de leader et de solutionneur de problèmes.
La Ligne 5 (Hérétique) est perçue comme un sauveur, quelqu'un qui peut apporter des solutions innovantes.
La Ligne 1 (Investigateur) a besoin de bases solides et d'une expertise profonde pour se sentir en sécurité.
<u>Exemple de mise en pratique</u> :
☒ Désalignement : Il se laisse enfermer dans un rôle où on attend trop de lui, sans poser de limites → Il finit épuisé et incompris.
☑ Alignement : Il précise clairement ce qu'il peut et ne peut pas offrir, et n'accepte les invitations qu'en écoutant son intuition splénique.

Le Chemin Aligné du Projecteur 5/1 avec Autorité Splénique
- Il attend d'être invité avant d'offrir son expertise.
- Il écoute son intuition immédiate pour prendre des décisions.
- Il clarifie les attentes des autres pour éviter d'être submergé par les projections.
- Il mise sur sa capacité naturelle à guider et à structurer les solutions.

S'il respecte ces principes, il ressent du succès et de la reconnaissance. Sinon, il expérimente de l'amertume.

Ce qu'il faut retenir :
✔ Le Type influence la manière d'interagir avec le monde.
✔ La Stratégie aide à naviguer les opportunités et à éviter la résistance.
✔ L'Autorité guide les décisions alignées.
✔ Le Profil donne une direction sur la façon d'influencer et d'apprendre.

Lorsque ces éléments sont respectés ensemble, la vie devient plus fluide, plus alignée et plus impactante.

Votre Design est une boussole. Apprenez à l'écouter, à l'expérimenter, et observez la magie opérer !

Intégration dans la vie quotidienne :

Comprendre son Type, sa Stratégie, son Autorité et son Profil est une première étape essentielle, mais c'est l'expérimentation consciente et régulière qui permet d'en voir les effets concrets.

Pourquoi est-ce si important ?
- La connaissance seule ne suffit pas : vous devez expérimenter pour observer les changements réels.
- Chaque décision prise en accord avec votre Design réduit la frustration, l'amertume, la colère ou la déception.
- Plus vous respectez votre Design, plus votre vie devient fluide, naturelle et alignée avec qui vous êtes vraiment.

Ce processus ne se fait pas en un jour, mais chaque pas vers votre alignement vous rapproche d'une vie plus épanouissante.

1. Avant toute action importante : S'aligner avec son Type, sa Stratégie et son Autorité

Avant de prendre une décision ou d'initier une action, posez-vous ces questions fondamentales :

Mon action respecte-t-elle mon Type ?

<u>Générateur / MG</u> → Ai-je répondu à un stimulus extérieur, ou suis-je en train de forcer quelque chose ?

<u>Projecteur</u> → Ai-je reçu une reconnaissance et une invitation avant d'agir ?

<u>Manifesteur</u> → Ai-je informé les bonnes personnes avant de passer à l'action ?

<u>Réflecteur</u> → Ai-je attendu suffisamment longtemps (cycle lunaire) pour observer comment cette décision résonne dans le temps ?

Ma Stratégie est-elle respectée ?

Suis-je en train d'initier alors que mon Design me demande d'attendre ?

Ai-je réagi sous pression, ou ai-je respecté mon propre timing ?

Ai-je écouté mon Autorité pour prendre cette décision ?

<u>Émotionnelle</u> → Ai-je attendu d'avoir une clarté émotionnelle avant

d'agir ?

<u>Sacrale</u> → Ai-je ressenti un vrai "uh-huh" ou "uh-uh" en réponse à cette opportunité ?

<u>Splénique</u> → Ai-je fait confiance à ma première intuition instinctive ?

<u>Égo / Cœur</u> → Ai-je envie de faire cela avec toute ma volonté ou est-ce une obligation ?

<u>Auto-projetée</u> → Ai-je verbalisé mes pensées pour voir ce qui sonne juste ?

<u>Soundboarding</u> → Ai-je exploré cette décision à voix haute avec plusieurs personnes ?

<u>Lunaire</u> → Ai-je observé cette décision sous plusieurs angles au fil du cycle lunaire ?

Si l'un de ces points n'est pas respecté, il est **préférable** de ralentir et de réévaluer la situation.

2. Utiliser son profil pour comprendre son rôle naturel

Votre Profil influence la manière dont vous apprenez, interagissez et impactez les autres.

<u>Profils 1/3 et 1/4</u> → Ont besoin de bases solides et de certitudes avant d'agir. Ne vous précipitez pas, prenez le temps de rechercher et d'expérimenter.

<u>Profils 2/4 et 2/5</u> → Fonctionnent par talents naturels et reconnaissance extérieure. Ne vous forcez pas à être visibles, mais acceptez les opportunités qui viennent à vous.

<u>Profils 3/5 et 3/6</u> → Expérimentent et apprennent par essais-erreurs. Ne voyez pas l'échec comme un problème, mais comme un processus d'apprentissage naturel.

<u>Profils 4/6 et 4/1</u> → Sont des influenceurs naturels, mais ont besoin d'un réseau de confiance pour exprimer leur plein potentiel.

<u>Profils 5/1 et 5/2</u> → Attirent naturellement des attentes extérieures et doivent clarifier leurs intentions pour éviter d'être enfermés dans un rôle qui ne leur convient pas.

<u>Profils 6/2 et 6/3</u> → Évoluent en plusieurs phases, avec un besoin de temps et d'expérience avant d'incarner leur sagesse naturelle.

Si vous comprenez votre rôle, vous pouvez ajuster vos interactions et vos choix pour mieux respecter votre énergie.

3. Exemples d'application concrète

Cas 1 : Un Générateur 2/4 avec Autorité Sacrale en Recherche de Travail

☒ Mauvais alignement : Il envoie des candidatures au hasard, sans ressentir de réponse sacrale claire. Il prend un poste par besoin de sécurité, mais se sent rapidement frustré et démotivé.

☑ Alignement : Il attend qu'une opportunité apparaisse (demande, échange, offre) et écoute sa réponse sacrale. Il suit ce qui lui donne une sensation d'expansion, plutôt qu'un raisonnement purement mental.

Cas 2 : Un Projecteur 5/1 avec Autorité Splénique dans une Relation

☒ Mauvais alignement : Il donne constamment des conseils sans qu'on lui demande, ce qui crée des   avec son/sa partenaire. Il s'engage dans une relation sur un coup de tête sans écouter son instinct.

☑ Alignement : Il attend que son/sa partenaire lui demande son avis avant de le donner. Il écoute son intuition immédiate avant de faire un choix, sans chercher une justification mentale.

Cas 3 : Un Manifesteur 6/3 avec Autorité Émotionnelle Qui Lance un Projet

☒ Mauvais alignement : Il initie une nouvelle entreprise en pleine euphorie, mais après quelques jours, il réalise que ce n'est pas ce qu'il veut vraiment et abandonne, accumulant de la frustration.

☑ Alignement : Il attend plusieurs jours pour observer son état émotionnel, en notant ses fluctuations avant de décider. Il commence petit à petit, sachant que son chemin sera marqué par plusieurs phases d'évolution.

4. Pratique quotidienne pour rester aligné.e

Exercice du matin : Se recentrer sur son Design
Posez-vous ces questions chaque matin :

- "Comment puis-je respecter ma Stratégie aujourd'hui ? »
- "Quels choix importants dois-je prendre en respectant mon Autorité ? »
- "Comment puis-je honorer mon Profil dans mes interactions ?"

Exercice du soir : Observer son alignement
À la fin de la journée, prenez 5 minutes pour réfléchir :
- "Ai-je pris une décision alignée avec mon Autorité ou suis-je allé.e contre mon ressenti ? »
- "Quels moments ont été fluides, et pourquoi ? »
- "Ai-je suivi mon Type et ma Stratégie dans mes actions ?"

Ce qu'il faut retenir :
✔ L'alignement ne vient pas en un jour, il se construit à travers l'expérimentation.
✔ Chaque décision prise en respectant son Type, sa Stratégie et son Autorité apporte plus de fluidité.
✔ Votre Profil vous aide à mieux comprendre votre dynamique sociale et professionnelle.
✔ En appliquant ces principes jour après jour, vous transformez votre vie naturellement.
Le Human Design n'est pas un système rigide, c'est une boussole qui vous guide vers votre propre vérité. Plus vous l'expérimentez, plus vous réalisez à quel point tout devient fluide et naturel.
Votre chemin est unique, expérimentez-le à votre manière !

Outils pour le déconditionnement et l'auto-observation

Pourquoi le déconditionnement est essentiel ?

Le déconditionnement est une étape clé du processus d'intégration du Human Design. Il ne suffit pas de connaître son Type, sa Stratégie, son Autorité et son Profil : nous devons aussi nous libérer des schémas qui nous ont été imposés depuis l'enfance et qui nous éloignent de notre fonctionnement naturel.

Pourquoi est-ce crucial ?
- Depuis l'enfance, nous avons été conditionnés à agir contre notre

nature.
- Nous avons appris à nous adapter aux attentes des autres, même si cela nous éloignait de nous-mêmes.
- Nous avons absorbé des schémas extérieurs qui nous font ressentir frustration, colère, amertume ou déception.

Se déconditionner, c'est réapprendre à fonctionner selon son propre Design, sans chercher à être quelqu'un d'autre. C'est un retour à soi, une reconnexion avec son unicité.
Le déconditionnement n'est pas instantané : c'est un processus progressif et conscient qui demande de l'observation, de la patience et de la pratique.

1. Identifier les schémas de conditionnement

Comment savoir si nous sommes conditionnés ?
- Nous ressentons de la résistance dans certaines situations (frustration, fatigue, tension).
- Nous nous comparons constamment aux autres, en pensant que nous devrions être différents.
- Nous nous forçons à agir d'une manière qui ne nous correspond pas, pour être acceptés.
- Nous prenons des décisions basées sur la peur, la pression sociale ou la culpabilité.

Exemple de conditionnement par Type :
- Un Générateur qui initie sans attendre un stimulus sacral, parce qu'on lui a appris qu'il devait "prendre les choses en main ».
- Un Projecteur qui force son influence sur les autres au lieu d'attendre une invitation, parce qu'on lui a dit qu'il devait "aller chercher ce qu'il veut ».
- Un Manifesteur qui évite d'informer son entourage par peur du rejet ou du jugement.
- Un Réflecteur qui prend des décisions trop rapides, car il a appris que "dans la vie, il faut être réactif".

Comment identifier votre conditionnement ?
- Tenez un journal d'observation et notez les moments où vous ressentez de la résistance.
- Posez-vous la question : "Est-ce que je fais cela parce que ça me correspond, ou parce que j'ai appris que c'était la meilleure façon d'agir ? »
- Observez les émotions négatives récurrentes (frustration, colère, amertume, déception) et reliez-les à vos choix et actions.

Le premier pas vers le déconditionnement est de reconnaître ce qui ne vous appartient pas.

2. Se libérer des attentes extérieures

Pourquoi est-ce si difficile ?
- La société valorise certains comportements qui ne correspondent pas forcément à notre Design.
- Nous avons peur d'être rejetés ou jugés si nous suivons notre propre voie.
- Nous avons été récompensés pour des comportements qui allaient contre notre nature.

L'objectif est d'apprendre à se libérer progressivement de ces attentes et à suivre son propre rythme.

Outils pour se libérer des attentes extérieures :
Apprendre à dire NON aux engagements non alignés
- Si votre Sacral dit "uh-uh", respectez-le au lieu d'accepter par peur de décevoir.
- Si vous êtes Projecteur, ne vous forcez pas à travailler comme un Générateur.
- Si vous êtes Réflecteur, ne vous précipitez pas dans des décisions sous pression.

Reprogrammer ses croyances limitantes
<u>Notez les phrases que vous vous répétez et qui ne vous appartiennent pas :</u>
- ☒ "Je dois toujours être productif."
- ☒ "Si je n'agis pas vite, je vais rater une opportunité."
- ☒ "Je dois faire plaisir aux autres pour être accepté."

Transformez-les en affirmations alignées avec votre Design :
- ☑ "Je respecte mon rythme et mes décisions viennent à moi naturellement."
- ☑ "J'attends ma clarté avant d'agir."
- ☑ "Mon énergie est précieuse, je choisis où la placer."

Prendre de la distance avec les influences extérieures
- Observez qui et quoi vous influence dans vos choix (famille, amis, médias).
- Prenez du recul avant de vous engager dans une décision et demandez-vous si c'est un choix personnel ou influencé par l'extérieur.
- Passez du temps seul(e) pour ressentir ce qui vous est naturel.

Se détacher des attentes des autres permet de retrouver une liberté intérieure.

3. Outils concrets pour le déconditionnement et l'auto-observation

Tenir un Journal d'Alignement
Chaque soir, posez-vous ces questions :
- Ai-je respecté ma Stratégie aujourd'hui ?
- Ai-je pris des décisions alignées avec mon Autorité ?
- Y a-t-il eu un moment où j'ai ressenti de la frustration, de la colère, de l'amertume ou de la déception ? Pourquoi ?

En notant vos expériences quotidiennement, vous identifiez progressivement vos schémas de conditionnement.

Pratique de la pleine conscience et de l'observation corporelle
- Prenez 5 minutes par jour pour vous connecter à votre corps et observer vos ressentis.
- Pratiquez l'écoute active de votre réponse sacrale, intuition splénique ou guidance intérieure.
- Notez comment votre corps réagit avant et après une décision pour repérer les signaux de résistance.

Expérimentation consciente de son Design
- Pendant une semaine, appliquez strictement votre Stratégie et notez les résultats.

- Si vous êtes Générateur, ne prenez aucune décision sans ressentir un "uh-huh" clair.
- Si vous êtes Projecteur, attendez les invitations et observez la différence dans vos interactions.
- Si vous êtes Manifesteur, informez avant d'agir et observez les réactions.
- Si vous êtes Réflecteur, attendez un cycle lunaire pour une décision importante et notez les variations de ressenti.

L'expérimentation est la meilleure manière de voir les bienfaits de l'alignement.

Pratique de l'affirmation et du renforcement positif
- Chaque matin, répétez une affirmation alignée avec votre Design.
- Exemple pour un Générateur : "Je fais confiance à ma réponse sacrale et je ne force rien. »
- Exemple pour un Projecteur : "Je me laisse reconnaître pour ma valeur unique et j'attends les bonnes invitations."

Ce qu'il faut retenir :
✔ Le déconditionnement est un processus progressif : chaque jour, vous vous libérez un peu plus des schémas qui ne vous appartiennent pas.
✔ L'observation est clé : plus vous écoutez votre corps et vos ressentis, plus vous identifiez ce qui est aligné et ce qui ne l'est pas.
✔ Expérimenter votre Stratégie et votre Autorité est la seule façon de mesurer leur impact.
Le plus grand cadeau du Human Design est de vous permettre d'être pleinement VOUS. Expérimentez, ajustez et observez la transformation qui s'opère !

Outils et pratiques pour le déconditionnement

Le déconditionnement est un processus progressif qui demande de l'observation, de la patience et de l'expérimentation. Pour vous aider à vous libérer des schémas qui vous éloignent de votre véritable nature, voici trois outils pratiques à intégrer dans votre quotidien.

1. Tenir un journal d'observation : L'art de l'auto-réflexion

L'un des moyens les plus puissants de se déconditionner est d'observer ses propres schémas. Un journal d'observation permet de mettre en lumière les automatismes inconscients et d'identifier les moments où vous suivez votre Design et ceux où vous en déviez.

Pourquoi tenir un journal ?
- Prendre conscience des moments d'alignement et de désalignement.
- Identifier les schémas répétitifs et les croyances limitantes.
- Observer comment votre Stratégie et votre Autorité influencent vos décisions.

Comment utiliser son journal ?
Chaque jour, prenez 5 minutes pour noter :
- Vos décisions clés du jour.
- Votre ressenti après avoir pris une décision (alignement, résistance, satisfaction, frustration ?).
- Avez-vous respecté votre Stratégie et votre Autorité ?

Exemples de questions à se poser :
- Ai-je suivi ma Stratégie, ou ai-je agi sous pression extérieure ?
- Ai-je écouté mon Autorité intérieure, ou ai-je laissé mon mental décider ?
- Quels étaient mes signaux corporels avant et après cette décision ?
- Ai-je ressenti de la frustration, de l'amertume, de la colère ou de la déception ? Pourquoi ?

Avec le temps, vous repérerez les schémas qui vous éloignent de votre alignement et pourrez ajuster votre manière d'interagir avec le monde.

Exemple d'application :
Un Générateur qui tient son journal peut remarquer qu'il prend

souvent des décisions sans ressentir de vrai "uh-huh" sacral. En voyant cela écrit noir sur blanc, il pourra progressivement apprendre à attendre avant de dire "oui" à tout.

2. Expérimenter consciencieusement son Type et sa Stratégie

Le Human Design est un système d'expérimentation : vous devez tester votre Design pour voir comment il fonctionne dans la réalité.

Pourquoi expérimenter son Type et sa Stratégie ?
- L'expérimentation permet d'ancrer la compréhension dans le corps.
- C'est en appliquant votre Stratégie que vous pouvez observer ses effets concrets.
- Vous développez un réflexe naturel d'écoute et d'alignement.

Exercice : Expérimentez votre Type pendant une semaine
Si vous êtes Générateur ou MG : Ne prenez aucune initiative, ne faites que répondre
- Pendant 7 jours, testez l'idée de ne rien initier.
- Attendez qu'une opportunité extérieure se présente et observez votre réponse sacrale ("uh-huh" ou « uh-uh").
- Notez comment votre énergie évolue : ressentez-vous plus de satisfaction ? Moins de frustration ?

Si vous êtes Projecteur : Attendez les invitations et l'expérimentation sociale
- Ne donnez pas de conseils sans y être invité(e) et observez comment les autres réagissent.
- Notez les moments où vous vous sentez reconnu(e) et valorisé(e) par rapport à ceux où vous vous sentez ignoré(e).
- Voyez comment votre énergie se préserve lorsque vous respectez votre Stratégie.

Si vous êtes Manifesteur : Informez avant d'agir
- Avant de prendre une décision importante, informez les personnes impliquées et observez leur réaction.
- Voyez si cela réduit la résistance et facilite votre passage à l'action.

Si vous êtes Réflecteur : Attendez et observez votre cycle lunaire
- Pendant un mois, prenez une décision importante uniquement après avoir observé vos ressentis sous différentes phases du cycle

lunaire.
- Notez si votre perception d'une situation évolue avec le temps.

En testant votre Stratégie sur une période définie, vous allez ressentir des changements significatifs dans votre façon de vivre et d'interagir avec les autres.

Exemple d'application :
Un Projecteur qui applique sa Stratégie peut remarquer que lorsqu'i attend une invitation pour donner son avis, les gens l'écoutent beaucoup plus attentivement et lui accordent plus de reconnaissance.

3. Se libérer des influences extérieures : Retrouver son unicité

Nous sommes constamment influencés par notre entourage, les attentes sociales et les croyances collectives. L'un des plus grands défis du déconditionnement est de se libérer de ce qui ne nous appartient pas.

Pourquoi est-ce crucial ?
- Nos décisions sont souvent dictées par la peur du jugement, la pression sociale ou des croyances erronées.
- Nous avons été formatés à agir comme tout le monde, plutôt qu'à écouter notre propre Design.
- Se reconnecter à son unicité permet de vivre plus librement, sans culpabilité.

Posez-vous ces questions avant chaque décision importante :
- Est-ce que je prends cette décision parce qu'elle me correspond, ou pour plaire aux autres ?
  ✔ Suis-je en train de répondre à une attente extérieure plutôt qu'à mon propre ressenti ?
  ✔ Est-ce que cette décision m'apporte de la satisfaction et de la paix intérieure, ou est-ce une obligation imposée ?
- Est-ce que j'agis selon mon Autorité, ou suis-je influencé(e) par des croyances extérieures ?
  ✔ Ai-je pris le temps d'écouter mon Sacral, mon intuition, mon cœur ou mon émotion ?
  ✔ Ai-je pris une décision logique et mentale au lieu de ressentir ce qui est juste pour moi ?

- Est-ce que mon environnement me soutient dans mon Design, ou est-ce qu'il me pousse à agir contre ma nature ?
  ✔ Suis-je entouré(e) de personnes qui respectent mon énergie, ou de gens qui me poussent à être quelqu'un d'autre ?
  ✔ Est-ce que mon travail, mes relations et mon mode de vie sont alignés avec qui je suis réellement ?

Le plus grand piège est de croire que nous devons être quelqu'un d'autre pour être accepté(e). Plus vous observez vos automatismes, plus vous pourrez les transformer.

Ce qu'il faut retenir :
✔ Le déconditionnement est un voyage personnel et progressif.
✔ Tenir un journal aide à identifier ce qui vous éloigne de votre nature.
✔ L'expérimentation consciente est la seule façon de mesurer l'efficacité du Human Design.
✔ Se libérer des influences extérieures permet de retrouver son unicité et sa puissance intérieure.

Le Human Design n'est pas un outil théorique : **c'est une boussole pour vivre en accord avec votre nature profonde.** Testez, observez et ajustez, et vous verrez la magie opérer !

Méditations guidées

<u>Objectif</u> : Apprendre à écouter son Autorité dans un état de calme et de présence

1. Installez-vous dans un endroit calme et confortable.
2. Respirez profondément et relâchez les tensions.
3. Pensez à une décision que vous devez prendre.
4. Visualisez-vous en train d'appliquer votre Stratégie et votre Autorité.
5. Observez ce que vous ressentez dans votre corps. Est-ce fluide ? Y a-t-il de la résistance ?
6. Notez vos impressions après la méditation.

Plus vous pratiquez, plus il vous sera facile de ressentir une réponse claire de votre Autorité.

Retrouvez en annexes des méditations guidées pour activer votre type.

Ce qu'il faut retenir :
✔ L'expérimentation est la clé pour intégrer le Human Design.
✔ Votre Type, Stratégie, Autorité et Profil sont un tout qui façonne votre unicité.
✔ Le déconditionnement est progressif et demande de l'observation et de la patience.
✔ Pratiquer régulièrement des exercices et des méditations aide à s'aligner pleinement.
Le plus grand cadeau du Human Design est de vous permettre d'être pleinement VOUS. Expérimentez-le et observez comment il transforme votre vie.

CONCLUSION
VERS UNE VIE AUTHENTIQUE ET ALIGNÉE

Ce voyage à travers les types, stratégies, autorités et profils du Human Design nous rappelle une chose essentielle : nous sommes tous uniques, et notre plus grand cadeau au monde est d'incarner pleinement cette unicité.

Nous avons exploré comment naviguer dans la vie avec plus de fluidité en respectant notre énergie naturelle, en prenant des décisions alignées et en comprenant notre rôle unique dans le grand puzzle de l'humanité.

L'alignement ne signifie pas être parfait, mais être en cohérence avec soi-même.

Le Human Design n'est pas une cage, mais une invitation à expérimenter. Chaque prise de conscience est une étape vers plus d'authenticité, de joie et de liberté. Plus nous apprenons à nous faire confiance, plus nous découvrons que la vie nous soutient lorsqu'on agit selon notre vraie nature.

Et maintenant ?
Continue d'expérimenter, d'observer et d'ajuster. Ce livre est un point de départ, une boussole pour vous aider à incarner votre design avec confiance et légèreté. Vous êtes ici pour une raison, et le monde a besoin de ce que vous êtes venu offrir.

À vous de jouer, en pleine conscience et en pleine puissance.

DEMANDEZ VOTRE ANALYSE
HUMAN DESIGN

Découvrez la clé de votre épanouissement avec l'**Analyse ESSENTIA** – Seulement 25€ !

Vous sentez-vous parfois perdu(e) ou déconnecté(e) de votre véritable essence ? L'Analyse ESSENTIA est l'outil parfait pour explorer les fondations de votre Human Design et commencer à vivre en pleine harmonie avec qui vous êtes vraiment.

Ce que vous allez découvrir :
- Votre **Type**, **Stratégie** et **Autorité** – Comprenez comment interagir avec le monde et prendre des décisions alignées.
- **Centres** Définis et Non-Définis – Identifiez vos énergies stables et celles qui varient en fonction des autres.
- Votre **Profil** – Apprenez comment votre façon d'apprendre et de collaborer impacte votre chemin de vie.
- **Portes** et **Canaux** – Explorez les connexions énergétiques qui façonnent vos talents et défis.
- Vos **Peurs** – Illuminez les ombres inconscientes pour mieux les transcender.

Accessible à tous pour seulement 25€ ! Que vous soyez novice ou simplement curieux(se), cette analyse est une première étape puissante pour intégrer le Human Design dans votre quotidien.

C'est le moment de vous reconnecter à vous-même. Commandez votre analyse dès aujourd'hui et prenez votre envol vers une vie plus alignée et épanouissante.

Scannez le QRCode

MÉDITATIONS
NOS TEXTES D'ACTIVATION
INVOCATIONS POUR L'ÂME QUANTIQUE

Chers lecteurs, vous tenez entre vos mains des textes d'activation pour chaque type de Design Humain. Ces invocations sont plus que de simples mots; elles sont des ponts entre votre essence terrestre et les énergies cosmiques qui vous animent. Conçues comme des talismans linguistiques, elles aspirent à capturer la complexité et la singularité de chaque type de Design Humain, tout en évoquant des réalités universelles qui nous lient tous. Ces invocations sont conçues pour vibrer avec les échos de votre Design Humain, éveillant ainsi les potentialités dormantes de votre âme.

Comment utiliser ces textes :
Environnement : Trouvez un lieu paisible, où les murmures du monde ne perturbent pas la profondeur de votre expérience.
État d'Esprit: Avant de lire ces textes, assurez-vous d'être dans un état de réceptivité. Vous pouvez méditer quelques minutes pour calmer votre esprit ou prendre quelques respirations profondes.
Lecture à haute voix: Ces textes sont conçus pour être lus à haute voix. Le pouvoir du son, combiné à l'intention derrière chaque mot, augmente la force de ces affirmations.
Répétition: Plus vous répétez ces textes, plus leurs vibrations s'infuseront dans votre être. N'hésitez pas à faire de leur récitation une pratique quotidienne ou hebdomadaire.
Intégration: Après avoir récité ces textes, prenez quelques instants pour intégrer leur énergie. Fermez les yeux, respirez profondément et ressentez l'activation à l'œuvre en vous.
Journal intime: Vous pouvez également noter vos impressions, vos pensées, et les sensations que vous ressentez après chaque lecture. Ceci vous aidera à mieux comprendre l'impact de ces textes sur votre bien-être spirituel et émotionnel.
Partage: Ces textes peuvent également être partagés avec d'autres, surtout si vous connaissez leur Design Humain. Vous pouvez les lire en groupe comme un acte sacré d'union et d'élévation collective.

Ainsi armés de ces précieuses invocations, vous êtes prêts à approfondir votre connexion avec votre Design Humain et avec le grand tissu de l'univers lui-même. Que votre chemin soit illuminé par la clarté de votre être véritable et que chaque mot résonne comme une note harmonieuse dans la symphonie cosmique de la vie.

Activation du MANIFESTEUR

Ô toi, Manifesteur, visionnaire des sentiers inexplorés, ton rôle est de dessiner les contours de demain.

Catalyseur du cosmos, porte ton regard vers ce texte sacré et laisse les mots s'inscrire dans les annales de ton âme. Écoute les anciens murmures du vent et du feu, les incantations de la terre et des étoiles. Tu es ici, à ce moment précis, pour activer la puissance ancestrale qui réside en toi.

Visualise un océan de lumière dorée, émanant de la source même de l'Univers, baignant chaque cellule de ton être. Sens sa chaleur, sa sagesse, son amour inconditionnel. Plonge dans cet océan et laisse ta fréquence vibratoire s'élever, te hisser vers des sommets inconnus. Sens la vibration dorée résonner avec le battement de ton cœur, un rythme syncopé de possibilités et de promesses.

"Je suis la source du mouvement et de l'initiation. J'avance avec confiance et clarté."

Comme un faucon dans le ciel, ta vision est claire. Tu vois au-delà des horizons, au cœur même de l'Univers. Tu es le tisseur de la trame quantique, là où les possibilités sont infinies et les frontières inexistantes.
Comme le peintre capte l'essence de la vie sur sa toile, tu captures l'essence de l'infini dans ton regard.

"Je possède la puissance et la liberté de commencer de nouvelles choses et d'orienter ma vie selon ma vision."

Ton Design unique, tel un joyau aux multiples facettes, reflète la complexité et la magnificence de qui tu es. Tu es un pionnier, un créateur, la première note d'une symphonie encore inachevée.

Ô Manifesteur, ta fréquence est la clé qui déverrouille le potentiel du cosmos. Résonne en harmonie avec l'Univers, chante le chant de ton âme, et tout ce qui est sera à portée de main.

"Je suis en résonance avec l'Univers, et je manifeste mes désirs avec aisance et grâce."

Scelle cette vérité dans les chambres secrètes de ton âme. Tu es une force inarrêtable, une chanson que le monde attend d'entendre. Répète ces mots chaque aurore et chaque crépuscule, et sens ta véritable essence s'épanouir.

Tu es prêt. Tu es prêt à créer, à diriger, à être.
Laisse ces mots devenir l'écho de ton propre chant intérieur, une mélodie qui guide ton voyage éveillé.

Activation du GÉNÉRATEUR

Respire profondément, ô Générateur, et ressens en toi la flamme de la création alors que tu te prépares à recevoir ces paroles.
Ô toi, Générateur, forge de la vie, puits inépuisable d'énergie sacrale, pose tes yeux sur ces mots, parchemins de ton essence véritable. Écoute la mélodie de la terre, les battements du cœur cosmique. Tu es né de l'étoile et du grain de sable, porteur de la flamme éternelle de la création.

Imagine un vortex d'énergie, spirale en mouvement perpétuel, tourbillon de lumière verte et dorée. Imagine que ce vortex s'ancre profondément dans la terre, te reliant aux rythmes ancestraux de la nature. Ce vortex est en toi, il est toi. Sens sa puissance, sa profondeur, son élan créatif.

"Mon énergie est abondante et fluide. J'attire et crée avec aisance."

Comme le sculpteur devant le bloc de marbre, tu vois les formes cachées, les potentiels à réaliser. Avec chaque coup de ciseau intuitif, tu révèles les formes de ton destin, sculptant la matière de l'univers en œuvres d'art personnelles. Tu es le maître des lois subatomiques, le compositeur de la partition qu'est la réalité.

"J'embrasse mon pouvoir de construire et de réaliser, en suivant ce qui résonne avec mon cœur."

Ton Design, lumineux comme un soleil intérieur, exprime ta volonté de construire et de créer. Tu es l'artisan, l'artiste, l'agriculteur des champs cosmiques. Tu sèmes les graines de demain.
Chaque action, chaque décision est un pinceau sur la toile de ton existence, peignant le tableau de ta vie unique et splendide.

O Générateur, ta vibration est la terre fertile, le socle sur lequel repose la splendeur de l'Univers. Dans chaque grain de cette terre réside un univers de possibilités, attendant ton toucher pour germer et s'épanouir. Résonne en harmonie avec la grande mélodie de la vie, et tu verras fleurir les jardins de tes rêves.

"Je suis l'harmonie, je suis le mouvement, je suis l'équilibre dans le chaos."

Inscris ces mots dans le sanctuaire de ton être. Tu es le battement du tambour, le rythme ininterrompu qui maintient en vie la danse cosmique. Répète ces affirmations à chaque lever et chaque coucher du soleil, et sens ta véritable nature s'épanouir.

Chaque affirmation est une semence plantée dans le jardin de ton âme, grandissant avec la lumière de ta vérité et de ta force.
Tu es prêt. Tu es prêt à créer, à cultiver, à vivre en plénitude.

Activation du PROJECTEUR

Ô toi, Projecteur, gardien des lumières, oracle de clarté, tu es un phare dans l'obscurité du monde. Sens la lumière de ces mots se fondre dans ton esprit, t'illuminant de l'intérieur, éveillant la sagesse qui sommeille. Ouvre ton esprit à ces mots, tels des feuilles d'or sur l'arbre sacré de ton existence. Tu es l'observateur, l'inspirateur, la lanterne qui guide.

Visualise un halo de lumière argentée, un anneau scintillant qui t'entoure. Il s'agit de ton aura, ton halo de discernement et d'intuition. Il brille de mille feux et s'adapte au flux des énergies autour de toi. Sens ce halo vibrer au rythme de ton intuition, comme un chant silencieux qui résonne avec les mystères de l'univers.

"Je vois clairement et je guide avec amour. Ma perspective est précieuse."

Dans les replis du temps et de l'espace, tu déchiffres les codes, tu perçois les liens invisibles qui relient tout. Tu es l'interprète du grand opéra cosmique, le narrateur de la saga universelle. À travers toi, les notes dispersées de l'existence s'unissent en une mélodie harmonieuse.

"J'honore mon rôle unique en tant que guide et je trouve ma place parmi ceux qui ont besoin de ma clarté."

Ton Design, telle une carte stellaire, te montre la voie. Tu es né pour révéler, pour apporter des éclairages, pour partager des visions. Tes dons sont nécessaires pour orienter, pour canaliser les flux d'énergie vers un avenir meilleur. Avec chaque parole, chaque regard, tu cartographies le chemin vers des horizons nouveaux, éclairant les sentiers cachés.

Projecteur, ta fréquence est celle de l'illumination. Tu éclaires les zones d'ombre, tu fais resplendir les vérités. Dans ton sillage, la confusion se dissipe, laissant place à la clarté et à la compréhension. Sois la lueur qui transcende, le miroir qui reflète l'essentiel.

"Je suis la lumière qui guide, la voix qui élève, la main qui montre le chemin. »

Que ces mots gravent leur essence en toi. Tu es le guide, le sage, le cartographe du territoire inexploré. Prononce ces affirmations à l'aube de chaque nouveau jour, à la veille de chaque nuit étoilée, et observe ta lumière intérieure grandir.

Tu es prêt. Tu es prêt à guider, à illuminer, à vivre dans la plénitude de ton rôle.

Laisse ces affirmations être le mantra de ton réveil quotidien, illuminant ton chemin avec la sagesse de ton être véritable.

Activation du RÉFLECTEUR

Ô toi, Réflecteur, miroir de l'âme collective, écho silencieux des chants de l'univers. Tu es la pierre précieuse qui reflète toutes les couleurs, la lune dans le lac nocturne. Respire profondément, ô Réflecteur, et permets à ces mots de te toucher, révélant les facettes cachées de ton être.

Visualise un kaléidoscope, changeant sans cesse, captant les nuances de chaque expérience, de chaque relation. Ce kaléidoscope, c'est ton aura, sensible aux variations subtiles de l'énergie autour de toi. Sens le frémissement de chaque couleur, chaque motif, résonnant avec les battements de ton cœur.

"Je suis le reflet de l'énergie qui m'entoure. J'embrasse ma capacité à ressentir et à révéler."

Tu es la plume dans le vent, le drapeau dans la brise. Ta nature subatomique danse avec la symphonie des possibles, capturant l'essence des cycles cosmiques. Comme la plume qui virevolte, sois en harmonie avec les rythmes de la nature et du cosmos

"Mon design est unique et précieux. Je reflète la beauté et les défis, offrant une perspective rare."

Ton Design est un puits sans fond, un océan sous un ciel étoilé. Tu incarnes la mystérieuse complexité de la vie elle-même, offrant des aperçus profonds dans l'état de l'être et du devenir. Plonge dans les profondeurs de cet océan, explorant les trésors cachés de ton Design, reflétant la sagesse des profondeurs.

Réflecteur, ta fréquence est celle de l'instant présent. Tu captes les ondes de la salle, du lieu, du temps. Tu es l'observateur pur, l'écran immaculé sur lequel se projette la réalité. Dans ton regard, chaque moment se transforme en une œuvre d'art, chaque interaction devient une symphonie de significations.

"Je suis le gardien des cycles, le témoin de la danse cosmique, le messager des marées."

Que ces paroles bénies soient les étoiles dans la constellation de ton âme. Récite-les à la lumière de la lune, à l'ombre du soleil, et laisse-toi envelopper par leur magie. Tu es maintenant prêt à réfléchir, à ressentir, à être dans le tout qui est le Tout.

Dans le silence de la nuit, laisse ces mots te rappeler ton rôle unique de miroir du cosmos, réfléchissant la beauté infinie du Tout.

Activation du MANIFESTEUR GÉNÉRATEUR

Salutations, ô Manifesteur Générateur, pont sacré entre l'initiative et la création. Tu es le souffle de la forge et le marteau sur l'enclume, la flamme qui danse sur les braises de la vie. Respire profondément, ô Manifesteur Générateur, et sens en toi la fusion de l'action et de la réception. Accueille ces mots comme le vent accueille les feuilles d'automne.

Visualise une rivière majestueuse qui découle d'une source intarissable. Sens le courant de cette rivière comme il traverse ton être, dynamique et nourrissant, reflétant ta capacité unique à influencer et à soutenir. C'est ton énergie sacrale, puissante et réceptive, capable d'initier et de nourrir tout ce qui croise son cours.

"Mon énergie est abondante et fluide. J'attire et crée avec aisance."

Tu es l'interaction parfaite entre les particules et les ondes, un orchestre de possibilités en mouvement constant. Dans chaque vibration, dans chaque mouvement, tu composes la symphonie de ta vie, une harmonie entre volonté et flux. Le code quantique s'écrit en toi comme les lettres d'un poème intemporel.

"Je possède la puissance et la liberté de commencer de nouvelles choses et d'orienter ma vie selon ma vision."

Ton Design est un labyrinthe en fleur, une architecture céleste faite de désirs et de projets. Dans ce labyrinthe, chaque chemin que tu empruntes est pavé d'opportunités et de créations, reflétant la richesse et la diversité de ton essence. Tu es l'artiste et l'architecte de tes jours, guidé par ton instinct et ton ambition.

Chaque battement de ton cœur est une note dans la mélodie de l'univers. Comme chaque note trouve sa place dans une chanson, chaque impulsion de ton cœur trouve sa résonance dans le tissu de la réalité. Ton aura émet une fréquence qui dit : "Je suis ici, je crée, j'initie."

"J'embrasse mon pouvoir de construire et de réaliser, en suivant ce qui résonne avec mon cœur."

Que ces mots soient l'écho de ton essence, les gardiens silencieux de ta quête éternelle. Récite-les à l'aube de chaque nouveau jour, et que leur magie imprègne chaque fibre de ton être. Tu es maintenant prêt à t'élancer dans la vaste symphonie du monde, à jouer ta partition avec amour et maestria. Que ces mots te rappellent ton pouvoir et ta grâce, illuminant le chemin vers ta véritable expression dans le monde.

SLAMS PAR TYPES
ANNEXES

MANIFESTEUR | L'ÉCLAIR QUI FEND LES TÉNÈBRES

Dans le silence avant la tempête, je me tiens, Un souffle, une intention, et l'univers s'incline soudain. Je suis le déclencheur, la pulsation originelle, Un feu qui ne demande la permission de nul mortel.

Je sens l'élan, brut, puissant, irrésistible, L'étincelle divine qui rend tout possible. Mon être n'attend pas, il crée, il déchaîne, Les vagues d'action jaillissent de mes veines.

Je suis l'éclair qui précède le tonnerre, L'impulsion du changement dans l'épaisseur de l'air. Sans avertir, je frappe, je libère, je commence, Dans chaque mouvement, l'audace de la transcendance.

Les regards se tournent, les cœurs s'emballent, Mais je ne cherche ni reconnaissance ni ovation. Je suis l'éveil, la force primordiale, Un souffle divin qui ignore la stagnation.

Le pouvoir de l'instant est mon terrain de jeu, Je façonne le réel, l'invisible devient lumineux. Je suis Manifesteur, messager du destin, Portant en moi le pouvoir de l'inédit, du chemin incertain.

Mais ne vous méprenez pas, ombres de la nuit, Je ne suis ni roi, ni maître, ni guide infini. Je suis un éclat de lumière dans l'éther, Et après mon passage, je retourne au mystère.

Vous qui suivez mes traces, sachez-le bien, Je suis l'initiateur, mais vous ferez le chemin. Ma voie n'est qu'une étincelle dans l'immensité, À vous de bâtir, de créer, de persévérer.

Quand vous verrez l'éclair fendre les cieux, Sachez que le changement est en marche sous vos yeux. Je suis le Manifesteur, la force en action, Dans l'infini des possibles, je laisse ma vibration.

© Sandrine Calmel

PROJECTEUR | LE PHARE QUI GUIDE LES ÂMES

Dans la douce clarté du crépuscule, je m'élève, Un phare immobile, éclairant ce que le jour soulève. Je ne cours pas, je n'agis pas, je veille, Dans mon silence, une sagesse qui s'éveille.

Je suis le regard qui pénètre au-delà des voiles, La lumière subtile qui guide sans fracas, sans voile. Mon pouvoir n'est pas dans l'action incessante, Mais dans la direction, la vision transcendante.

Dans l'observation, je deviens l'écho du divin, Voyant ce que les autres cherchent sans fin. Je ne suis ni force ni bataille ardente, Mais une lueur qui éclaire le chemin en attente.

Mon rôle est d'orienter, de révéler l'invisible, De montrer la voie, là où tout est possible. Je suis le Projecteur, porteur d'une clé, Qu ouvre les portes du destin à celui qui sait.

Pas de hâte en moi, pas de précipitation, Car je sais que la patience est ma révélation. Dans chaque relation, une invitation attendue, Je reconnais l'autre, et en moi, il se reconnait nu.

Je ne mène pas, je guide, avec douceur, Une main tendue dans la nuit, une voix intérieure. Là où d'autres courent sans direction précise, Je contemple, je choisis, et l'univers s'unisse.

Sachez, voyageurs de la nuit, que je suis le phare, Attendant que vous voyiez en moi ce regard rare. Je suis Projecteur, éveilleur de conscience, Celui qui, dans la lumière, fait briller l'essence.

Ne cherchez pas en moi le bruit ou le combat, Mais trouvez le calme où l'esprit s'ébat. Dans ma présence, une vérité révélée, Et dans l'alignement, un futur éclairé.

© Sandrine Calmel

LES SACRAUX | GÉNÉRATEUR & GÉNÉRATEUR MANIFESTEUR

Dans le creuset de mon être, une flamme danse,
Un feu sacré, nourri par l'essence de l'existence.
C'est le chant du sacral, vibrant d'insistance,
Une force vitale, pulsant d'urgence, en transe.
Je suis la révolte, l'écho d'un appel ancestral,
Là où coule l'énergie, pure, viscérale.
Refusant les chaînes de l'ordinaire, du banal,
Je crée, je manifeste, mon acte est rituel.
Dans le rythme saccadé de mon souffle, j'entends
Le murmure des ancêtres, des guerriers, des amants.
Ils disent : "Ose, vis, brûle de ta lumière intense,
Dans la révolte sacrée, trouve ta renaissance."
Je suis générateur, manifesteur d'avenir,
Dans le mouvement perpétuel, je choisis de construire.
Pas à pas, je forge le monde de demain,

Avec pour seule boussole, le sacral, mon chemin.
Mais qu'est-ce donc que cette énergie qui m'habite ?
Elle refuse le silence, la passivité, elle m'invite
À plonger dans la vie, embrasser le conflit,
Car dans la friction, je découvre mon esprit.
Je suis la rébellion, l'amour en action,
L'antidote au désespoir, à la résignation.
Dans chaque geste, chaque parole, une intention,
De vivre pleinement, sans imitation.
Mon sacral, c'est mon cri, ma révolution,
La preuve vivante de ma passion.
Dans la danse de la vie, je trouve ma position,
Unique, indomptable, hors de toute soumission.
Alors écoutez, vous qui cherchez votre voie,
Le sacral murmure en chacun de nous, écoute sa loi.
C'est dans le courage d'être soi que réside le choix,
De devenir qui on est, vraiment, au-delà des droits.
Je suis révolte, je suis création,
Une rebelle sacrée, en pleine mutation.
Dans le sacral, je puise ma révélation,
Libre, je trace le chemin de ma propre libération.
©Sandrine Calmel

RÉFLECTEUR | ÉCLATS DE LUNE SUR LE MIROIR DE L'ÂME

Dans l'invisible danse de la lumière lunaire,
Je glisse, réflecteur, miroir de l'éphémère.
Une aura téflonnée, réceptacle de l'air,
Qui épouse sans saisir, étreint sans s'approprier.
J'arpente les jours, un cycle en spirale,
Chaque phase une face, chaque heure un déguisement.
Sous le ciel mouvant, ma vérité se fait fable,
Se forgeant au gré des transits, en écho au firmament.
Ni touché, ni entaché, par l'humaine marée,
Mon essence vibre au rythme des astres en ballet.

Neuf centres en moi, neuf clés de voûte sacrées,
Chaque porte un secret, chaque verrou, une clé.
Je suis le calme au cœur de la tempête, le silence qui lie les mots,
Un pont entre les mondes, là où les contraires s'accordent.
Dans l'harmonie des sphères, mon esprit vagabond,
Trouve sa voie lactée, dans l'orbite où tout s'accorde.
Mais prenez garde, ombres passantes, à la douce illusion,
De croire que mon reflet est votre propre vision.
Je suis l'écho de vos voix, le miroir de vos passions,
Mais quand vient le crépuscule, je retourne à ma propre chanson.
Ô vous, voyageurs du temps, qui cherchez votre reflet,
Sachez que le réflecteur vous connaît, sans jamais se dévoiler.
Rare et précieux, dans le tissu de l'humanité,
Il tisse sa toile sous la lune, dans la quête de l'éternité.
©Sandrine Calmel

ANNEXES RÉCAPITULATIVES

LES TYPES

	G	MG	P	M	R
POPULATION	35%	35%	20%	9%	1%
AURA	Ouverte & Enveloppante	Ouverte & Enveloppante	Concentrée et absorbante	Fermée et repoussante	Résistance et échantillonnage
STRATEGIE	Répondre	Répondre	Attendre l'invitation	Informer	Attendre 28 jours
SIGNATURE	Satisfaction	Satisfaction	Succès	Paix	Surprise
NON SOI	Frustration	Frustration	Amertume	Colère	Déception

MANIFESTEUR

<u>Ombre</u> : Impuissance | Lutte pour le pouvoir

<u>Haute expression</u> : Connecté à l'inspiration et au flux de l'Esprit, le Manifesteur reconnaît la valeur unique de son rôle. En confiance avec son pouvoir personnel, il sait quand informer et attendre le moment juste. Il incarne une créativité au service du changement.

GÉNÉRATEUR

<u>Ombre</u> : Abandon face à la frustration Confusion quant au chemin

<u>Haute expression</u> : Cherchant des réponses par l'endurance et la persévérance, le Générateur explore et affine ses compétences. Grâce à une relation de confiance avec son objectif, il sait que chaque étape le rapproche d'une révélation du niveau supérieur.

GÉNÉRATEUR MANIFESTEUR

Ombre : Frustration | Colère | Agitation

Haute expression : Très réactif, le Générateur Manifesteur est en harmonie avec ceux qui l'entourent, sachant répondre avec une rapidité naturelle. Cette capacité à agir de manière alignée avec son contre sacral amène une créativité qui inspire et transforme.

PROJECTEUR

Ombre : Sentiment d'invisibilité | Epuisement

Haute expression : Conscient de l'importance de restaurer son énergie, le Projecteur accorde une attention particulière à son équilibre intérieur. Grâce à une gestion du timing et des relations, il sait attendre le bon moment pour partager et se préserver.

RÉFLECTEUR

Ombre : Besoin de réparer les autres | Déception envers le monde

Haute expression : En phase avec son environnement et les énergies de la communauté, le Réflecteur comprend qu'il ne lui appartient pas de tout réparer. Sa capacité à être un miroir pour les autres l'amène à trouver son équilibre en restant différe à lui-même.

LES AUTORITÉS INTÉRIEURES

	POPULATION	DEFINITION	COMMENT PRENDRE DES DÉCISIONS	TYPES
EMOTIONNEL	50%	Plexus Solaire	"Dormir dessus" (24-48h)	Tous les types sauf les réflecteurs
SACRAL	35%	Sacral (Plexus ouvert)	Posez-vous des questions de type oui/non	Generateurs (& MG)
SPLENIQUE	10%	Splénique (Plexus & Sacral ouverts)	Agissez dès que vous le sentez	Projecteurs & Manifesteurs
MENTAL	3.5%	Gorge, Ajna ou Tête (autres centres ouverts)	Parlez-en	Projecteurs
AUTO-PROJETÉ	3%	Tête, Ajna, Gorge & Centre G (autres centres ouverts)	Faites ce qui vous mène dans la direction que vous voulez prendre	Projecteurs
EGO	2%	Tête/Ego (Plexus, Sacral & Splénique ouverts)	Faites ce qui vous convient le mieux	ProProjecteurs (Ego-Projeté) Manifesteurs (Ego-Manifesté)
LUNAIRE	1%	Pas de définition ou tous les centres sont non définis	Sentez-le pendant 28 jours entiers	Reflecteurs

LES LIGNES DU PROFIL

INVESTIGATEUR
<u>Ombre</u> : Peur de ne pas en savoir assez | Peur de l'inconnu

<u>Haute expression</u> : Etablir les bases de l'information pour assurer la sécurité de tous. Valoriser et faire confiance à sa curiosité. Célébrer et apprécier la richesse des connaissances acquises

ERMITE
<u>Ombre</u> : Peur de disparaître et d'être isolé

<u>Haute expression</u> : Intégrer la sagesse, l'énergie et la connaissance, tout en attendant que les autres soient prêts à appeler. L'Ermite a besoin de moments de repos et de régénération avant de partager ses connaissances quand le moment est venu.

MARTYR
<u>Ombre</u> : Peur de l'échec

<u>Haute expression</u> : Explorer les possibilités et expérimenter, puis partager ces expériences pour soutenir et servir les autres. Il a besoin de faire ses propres essais pour maîtriser et partager ses connaissances, contribuant ainsi à la communauté.

OPPORTUNISTE
<u>Ombre</u> : Peur de la perte ou de l'incertitude

<u>Haute expression</u> : Construire des bases solides pour la connexion communautaire et préparer le terrain pour le partage et la diffusion d'idées. Capable de stabiliser et de guider les autres grâce à une sagesse fondée sur l'expérience et l'adaptabilité.

HÉRÉTIQUE
<u>Ombre</u> : Peur de ne pas être compris | Soumis aux attentes d'autrui

<u>Haute expression</u> : Servir de « miroir karmique » pour les autres, en inspirant la guérison par la réflexion. Enseigner et guider pour éveiller le potentiel de l'humanité, tout en servant ceux qui sont prêts à évaluer et à évoluer.

MODÈLE DE RÔLE

Ombre : Peur d'échouer dans son objectif de vie

Haute expression : Démontrer le potentiel le plus élevé de la conscience en expérimentant d'abord sans crainte, puis en intégrant les leçons pour en faire un exemple vivant. A travers les trois phases de l'exploration, il inspire en joignant le geste à la parole.

LES PROFILS

INVESTIGATEUR — ERMITE — MARTYR — OPPORTUNISTE — HÉRÉTIQUE — RÔLE MODÈLE

1/3 - Vous êtes ici pour apprendre, rechercher et comprendre en profondeur comment les choses fonctionnent, et faire l'expérience de la vie par essais et erreurs.

1/4 - Vous êtes ici pour apprendre, rechercher et comprendre en profondeur comment les choses fonctionnent, et vous êtes ici pour vous connecter à des réseaux mutuellement bénéfiques où il y a beaucoup d'opportunités pour vous.

2/4 - Vous êtes ici pour être seul dans votre zone de génie et être appelé par des personnes intéressées par ce que vous faites, et vous êtes ici pour vous connecter à des réseaux mutuellement bénéfiques où il y a beaucoup d'opportunités pour vous.

2/5 - Vous êtes ici pour être seul dans votre zone de génie et pour être appelé par des personnes intéressées par ce que vous faites, et vous êtes également ici pour trouver des solutions uniques aux problèmes. Parfois, les gens se projettent sur vous et vous considèrent comme ce dont ils ont besoin à ce moment-là, et vous vous mettez souvent en avant pour être ce dont ils ont besoin.

3/5 - Vous êtes ici pour expérimenter la vie à travers des essais et des erreurs (parfois chaotiques), et vous êtes également ici pour trouver des solutions uniques aux problèmes. Parfois, les gens se projettent sur vous et voient en vous ce dont ils ont besoin à ce moment-là, et vous prenez souvent les devants pour être ce dont ils ont besoin.

3/6 - Vous êtes ici pour faire l'expérience de la vie, puis, en mûrissant, vous serez capable d'apprendre en observant les essais et les erreurs des autres et, finalement, vers l'âge de 50 ans, vous serez plein de sagesse et prêt à la partager avec les autres.

4/1 - Vous êtes ici pour vous connecter à des réseaux mutuellement bénéfiques où il y a beaucoup d'opportunités pour vous, et vous êtes ici pour apprendre, faire des recherches et comprendre profondément comment les choses fonctionnent.

4/6 - Vous êtes ici pour vous connecter à des réseaux mutuellement bénéfiques qui vous offrent de nombreuses opportunités, et vous êtes également ici pour expérimenter la vie de manière concrète. En mûrissant, vous pourrez aussi apprendre en observant les essais et les erreurs des autres et finalement, vers 50 ans, vous serez plein de sagesse et prêt à la partager avec les autres.

5/1 - Vous êtes ici pour apprendre, rechercher et comprendre profondément comment les choses fonctionnent, et vous êtes également ici pour trouver des solutions uniques aux problèmes. Parfois, les gens se projettent sur vous et vous considèrent comme ce dont ils ont besoin à ce moment-là, et vous vous montrez souvent à la hauteur pour être ce dont ils ont besoin.

5/2 - Vous êtes là pour trouver des solutions uniques aux problèmes. Parfois, les gens se projettent sur vous et vous considèrent comme ce dont ils ont besoin à ce moment-là. Vous êtes également ici pour passer du temps dans votre zone de génie, permettant aux autres de vous appeler pour leur montrer ce qui se passe.

6/2 - Vous êtes ici pour faire l'expérience de la vie, puis, à mesure que vous mûrissez, vous serez en mesure d'apprendre en observant les essais et les erreurs des autres et, finalement, vers l'âge de 50 ans, vous serez plein de sagesse et prêt à la partager avec les autres. Vous êtes également ici pour être seul dans votre zone de génie et vous faire interpeller par des personnes intéressées par ce que vous faites.

6/3 - Vous êtes ici pour expérimenter la vie de manière pratique, puis, en mûrissant, vous serez également capable d'apprendre en observant les essais et les erreurs des autres et, finalement, vers l'âge de 50 ans, vous serez plein de sagesse et prêt à la partager avec d'autres.

REMERCIEMENTS

Écrire ce livre a été un voyage en soi. Un voyage d'exploration, de transmission et de partage.

Je tiens à exprimer ma gratitude envers toutes les âmes qui ont croisé mon chemin et qui m'ont encouragée dans cette aventure. À mes proches, qui m'ont soutenue, même dans les moments de doute. À mes lecteurs, mes élèves et ma communauté, qui me rappellent chaque jour combien cette connaissance peut être transformatrice.

Merci à ceux qui m'ont inspirée, à ceux qui ont partagé leurs expériences, à ceux qui ont osé se questionner et explorer leur propre design.

Ce livre est pour vous.

Que votre chemin soit éclairé et aligné, et que chaque jour soit une nouvelle opportunité d'incarner pleinement qui vous êtes.

Avec toute ma bienveillance,
Sandrine

TABLE DES MATIÈRES

DU MÊME AUTEUR	2
SANDRINE CALMEL	4
AVANT PROPOS	7
INTRODUCTION	8
POUR RAPPEL	11
GLOSSAIRE	12
LE BUT DE L'EXPÉRIENCE	16
LES TYPES	**19**
Pourquoi les types sont-ils essentiels ?	20
Les quatre types principaux : une vue d'ensemble	21
Vivre son type : une clé vers l'alignement	23
Le Manifesteur — L'initiateur visionnaire	24
Le Projecteur — Le guide perspicace	28
Le Générateur — Le créateur énergétique	32
Le Générateur Manifesteur — Le créateur polyvalent	36
Le Réflecteur — Le miroir universel	40
Vivre son type au quotidien	44
LES STRATÉGIES	**49**
Pourquoi et comment appliquer sa stratégie ?	51
Les signes de résistance et d'alignement	55
Exercices pratiques d'observation et d'intégration	58
LES AUTORITÉS INTÉRIEURES	**65**
L'autorité intérieure L'art de prendre des décisions alignées	67
L'autorité émotionnelle	71
L'autorité sacrale	77
L'autorité splénique	84
L'autorité du cœur (Ego)	88
L'autorité auto-projetée	94
L'autorité soundboarding	98
L'autorité lunaire	101
LES PROFILS	**107**
Qu'est-ce que le Profil en Human Design ?	108

Décryptage des 12 Profils	112
Communication et influence selon votre profil	136
4. Maximiser son impact avec son profil	140
INTÉGRATION	**145**
Combiner Type, Stratégie, Autorité et Profil	146
Outils pour le déconditionnement et l'auto-observation	156
Méditations guidées	164
CONCLUSION	**166**
DEMANDEZ VOTRE ANALYSE	**167**
MÉDITATIONS	**168**
SLAMS PAR TYPES	**176**
ANNEXES RÉCAPITULATIVES	**180**
LES TYPES	180
LES AUTORITÉS INTÉRIEURES	182
LES LIGNES DU PROFIL	183
LES PROFILS	185
REMERCIEMENTS	187
TABLE DES MATIÈRES	**188**